W0074135

Buster
Keaton

Hollywood
A. Hub...

Ernst Lubitsch

mit Selbstzeugnissen und Bilddokumenten
dargestellt von Herta-Elisabeth Renk

Rowohlt

rowohlts monographien begründet von Kurt Kusenberg herausgegeben von Wolfgang Müller

Redaktionsassistenz: Katrin Finkemeier
Umschlaggestaltung: Walter Hellmann
Vorderseite: Ernst Lubitsch im Regiestuhl, um 1935
(Stiftung Deutsche Kinemathek, Berlin)
Rückseite: «Forbidden Paradise»: Pola Negri und Ernst Lubitsch
während einer Drehpause
(Stiftung Deutsche Kinemathek, Berlin)
Frontispiz: Ernst Lubitsch. Zeichnung von Ali Hubert

Originalausgabe
Veröffentlicht im Rowohlt Taschenbuch Verlag GmbH,
Reinbek bei Hamburg, November 1992
Copyright © 1992 by Rowohlt Taschenbuch Verlag GmbH,
Reinbek bei Hamburg
Alle Rechte an dieser Ausgabe vorbehalten
Satz Times PostScript Linotype Library, PM 4.0
Langosch Grafik + DTP, Hamburg
Druck und Bindung Clausen & Bosse, Leck
Printed in Germany
1090-ISBN 3 499 50502 9

Inhalt

Epilog in Los Angeles, 1947
«A touch of Lubitsch in the morning»

Um halb elf heulten die Sirenen in den Studios der 20thCentury-Fox, und auf Wunsch von Darryl F. Zanuck ruhte die Arbeit für eine Minute. Es regnete in den Hollywood Hills an diesem 4. Dezember 1947, als hinter den Gittertoren von Forest Lawn die Reichen und Schönen, die Bosse und die Magier der Filmwelt den Limousinen entstiegen, um einen der Ihren zu verabschieden. Jeanette MacDonald sang «Beyond the Blue Horizon», Billy Wilder, Louis B. Mayer und Darryl F. Zanuck trugen den Sarg, Marlene Dietrich und Merle Oberon einen Nerz und die kleine Nicola ein Nelkenherz für ihren toten Vater. Der Rabbi sprach das Kaddisch und Charlie Brackett den Nachruf. 250 Ehrengäste fragten sich, wie der Tote Charlies Pointen verbessert hätte. Im Sarg lag ein kleiner, rundlicher Mann, der in seinem kurzen Leben den Film von einem Jahrmarktsvergnügen zur exquisiten Kunst entwickelt hatte. Ernst Lubitsch verabschiedete sich ins Pantheon des Films. Nach dem Begräbnis meinte Billy Wilder zu William Wyler: «Kein Lubitsch mehr!» – «Schlimmer», gab Wyler zurück, «keine Lubitsch-Filme mehr!»

Ein halbes Jahrhundert ist seither vergangen, aber die Deutschen kennen Lubitschs Filme heute kaum besser als nach dem Krieg. Erhalten geblieben sind nur die alten Vorurteile über sie: jüdischer Unernst, großstädtische Respektlosigkeit, frivol-illusionslose Sicht der Geschichte, zuviel Erotik und zuwenig Weltanschauung. Trotz Lubitsch-Preis ist kein Nachfolger erkennbar, der wie er in wenigen Bildern eine Situation entwirft und neugierig auf Menschen macht. Prägnanz und Überraschung hielt Lubitsch selbst für seinen «Lubitsch-Touch». Die Eleganz seiner Erfindungen war sprichwörtlich.

Wie zeigt man den Moment, wenn ein Ehemann merkt, daß er betrogen wird? Albert erzählt es seiner Freundin Cuey im Road-Movie «Irreconcilable Differences»[1]: «‹Der König zieht sich an und flirtet ein wenig mit seiner Frau. Der König geht, und an der Tür steht der schneidige junge Maurice Chevalier. Er präsentiert den Degen und salutiert, während er dem König nachblickt, der eine lange Treppe hinuntergeht. Sobald er verschwunden ist, betritt Chevalier das Schlafzimmer der Königin und schließt die Tür. Wir folgen ihm nicht. Inzwischen merkt der König, daß er seinen Degengürtel vergessen hat, kehrt um, geht die Treppe hoch und ins Schlafzimmer. Schon einen Augenblick später kommt er wieder heraus, lächelnd, Gürtel und Degen in der Hand. Er geht die ersten Treppenstufen hinunter, legt sich den Gürtel um und merkt, daß er ihm viel zu eng ist.› – Albert öffnet seine Augen sehr weit. Cuey lacht und Albert fährt fort. – ‹Er geht wieder hinauf ins Schlafzimmer. D a s ist der Lubitsch-Touch.›»[2] Lubitsch gibt Indizien, aber dann setzt er eine Tür vor das, was zwischen der Königin und ihrem Offizier geschieht.

Was immer wir annehmen, hat mehr mit uns zu tun als mit Lubitsch. Wenn der Zuschauer so unvermutet sich selbst begegnet, hält er eher den Künstler für zynisch als sich selbst; und so tadelten Lubitsch der amerikanische Zensor wie der deutsche Kritiker, weil er menschliche Schwächen zeigte, ohne sie zu verurteilen.[3] Aber so leicht, wie sie meinten, fiel ihm die Toleranz gar nicht. Billy Wilder erinnert sich: «Er war auf dem Weg von seinem Haus am Beverly Drive ins Studio. Als er zu seinem Cadillac ging, begann es zu regnen, und so kehrte er um und holte sich seinen Hut. Der rutschte ihm aber über die Augen, und er merkte, daß es gar nicht sein Hut war; sondern der von Hanns Kräly. So erfuhr er, daß der Autor, der am längsten mit ihm arbeitete, auch schon lange was mit seiner Frau hatte. Er trennte sich von seiner Frau und prügelte sich mit Hanns Kräly im Embassy Club. Das war das Ende ihrer Zusammenarbeit und auch das Ende von Hanns Krälys Karriere, der dann irgendwo als Hausmeister in Hollywood gestorben ist.»[4] Vier Jahre später macht König Achmed in *The Merry Widow** aus dem Hut einen Degengurt und aus Lubitschs persönlicher Niederlage einen brillanten Gag. Er sieht ein bißchen aus wie Lubitsch, aber er handelt weiser und souveräner, behält die Sympathien der Gattin und der Zuschauer und erreicht ein wichtiges politisches Ziel obendrein.

Wie viele Komiker fand Lubitsch das Leben offenbar nur in der Kunst zum Lachen, und je unerfreulicher eine Situation, um so näher war ihm Greenbergs Devise aus *To Be or Not To Be*: «Einen Lacher soll man nie verachten.» Robustere Gemüter halten das für Eskapismus: «Die internationale Geltung des Lubitsch-Films beruht darauf, daß er den Bedürfnissen von Konsumenten entspricht, die nicht in der Wirklichkeit selber, sondern durch das Absehen von ihr miteinander verbunden sind»[5], oder für das verwerfliche Bestreben, die Leute zu unterhalten: «Seine offenkundig kommerzielle Orientierung und der leichte Stil der Inszenierung

---

* Im folgenden werden die Filme, bei denen Lubitsch Regie führte, durch Kursivierung gekennzeichnet. Ausführlicher behandelte Lubitsch-Filme werden im Text durch Großbuchstaben hervorgehoben.

ließen ihn weniger einer ernsthaften Betrachtung für würdig erscheinen als zum Beispiel [...] Fritz Lang.»[6]

Lubitsch strebte nach Leichtigkeit, nicht aus Naivität, sondern weil er sie für eine Form der Lebenskunst hielt. Nach dem Zweiten Weltkrieg, schon gezeichnet von zwei Herzinfarkten, drehte er eine musikalische Märchenkomödie über einen ungarischen Offizier und eine italienische Gräfin, deren Ahnen aus den Bilderrahmen steigen, um dem Glück der beiden nachzuhelfen. Damals wohnte Billy Wilder in seinem Haus, und er hatte für einen Septemberabend eine Privatvorführung von Vittorio De Sicas «Schuhputzer»[7] arrangiert. Walter Reisch erinnerte sich daran, als er gefragt wurde, welchen Film Lubitsch am meisten bewundert habe: «Vielleicht lag es daran, daß das Milieu dieser kleinen Schuhputzjungen Lichtjahre von seinen eleganten Salonkomödien entfernt war, daß ihn die erbarmungslose Grausamkeit und Verlassenheit dieses Nachkriegsitalien so gewaltig traf. Zum ersten- und auch zum letztenmal sah er auf der Leinwand eine Botschaft totalen menschlichen Elends, den unaussprechlichen Horror von Straßentragödien. Als alles vorbei war, saß er da wie versteinert. Er konnte nicht sprechen, er wollte sich nicht an unserem Streitgespräch beteiligen. Als ich ihn sehr spät in der Nacht nach Hause fuhr, beschloß er, De Sica einen Brief, kein Telegramm, zu schicken. Er wollte ihn in perfektes Italienisch übersetzen lassen. [...] Er hat keinen Film von De Sica mehr gesehen und auch keinen eigenen.»[8] Was Lubitsch da sah, war seine eigene Jugend im hungernden Berlin, in Krieg, Revolution und Inflation, und auch den rotzfrechen Jungen aus der Gosse, die Figur des Überlebens, die er selber erfunden hatte, die ihn zum Star machte. Da war er wieder, bei De Sica, sein Großstadtrealismus, die Welt als Dschungel. Seine künstlerischen Wurzeln lagen in den Schmuddelstraßen Berlins, im Volkstheater Europas, in seinen schmalzigen Operetten und beißenden Satiren; aber seine Träume zielten auf die Noblesse und Unabhängigkeit europäischer Großbürger. Hollywood stillte seinen Schönheitsdurst, hier fand er Luxusfrauen mit Stil, sportlich lässige Herren, ohne *übertriebenes lächerlich zugeschnittenes Jackett* und *Verführer, die zum mindesten ebenso verführerisch aussehen wie der «Liebhaber»*[9]. Er schätzte die Natürlichkeit der Garbo, aber sie sah auch nicht aus wie Henny Porten. Als der britische Schauspieler Cedric Hardwicke auf einer Dinnerparty meinte, manche Männer liebten Frauen eben nicht zurechtgemacht und teuer gekleidet, sondern gesund und naturbelassen, rief Lubitsch schockiert: *Who vants dat?*[10]

Die Welt des Ernst Lubitsch ist geprägt von dem, was er besaß und was er sich wünschte: Vitalität, Neugier, Geheimnis, Witz, Generosität und dazu Schönheit und aristokratische Gelassenheit. Dafür lieferte ihm Hollywood die Mittel, Europa aber die Träume und Alpträume.

«Ich bin ein Berliner» — 1892–1913

Ernst Lubitsch, Schönhauser Allee 183

Mehr als andere Hollywood-Prominenz verschwand Lubitsch hinter seinem Image. Er widersprach auch nicht der Legende vom armen jüdischen Jüngelchen, das zum Film ging, um nicht zu verhungern, wie sie Herman Weinberg und Curt Riess dann auf englisch und deutsch verbreiteten.[11] Selbst durch kenntnisreiche Biographien spukt der Wunsch, die proletarischen Lausebengel, denen er ersten Ruhm verdankte, in seiner eigenen Jugend zu finden.[12] Die Tatsachen sind andere.

Lubitsch wurde am 29. Januar 1892 als Sohn von Ssimcha (Simon) und Anna Lubitsch, wohlhabende Textilkaufleute in Berlin, geboren. Die Mutter war bei seiner Geburt fast 42 Jahre alt. Er war das Nesthäkchen, fast zehn Jahre jünger als der Bruder Richard und die beiden Schwestern Else und Grete. Else zog ihn auf, während Anna Lubitsch das Geschäft in die Höhe brachte, das sie und Simon zunächst in der Lothringer Straße 82 a, dann in der Schönhauser Allee 183 betrieben. Anna war eine begabte Modezeichnerin, ihre raffinierten Entwürfe und Schnitte für hochwertige Kostüme und Mäntel, ihre Kollektionen und Modenschauen zweimal im Jahr, begründeten den Erfolg. Das meiste wurde in Heimarbeit vergeben, man lieferte nach Skandinavien, Belgien und an die großen Kaufhäuser im Rheinland. Simon kümmerte sich um den Einkauf und repräsentierte: ein eleganter, lebenslustiger und witziger Herr, der auch gern mit Anna in Badeorte, nach Paris oder Italien fuhr. Er berlinerte zum Steinerweichen, aber er war Russe und kam aus Wilna. Er hatte Litauen verlassen, um der Einberufung zur zaristischen Armee zu entgehen. Im Ersten Weltkrieg wurden auch seine Söhne nicht an die Front geschickt, weil sie ebenfalls als Russen galten. Statt dessen konnte Lubitsch seine Filme drehen. Einige Verwandte folgten Simon nach Berlin. Sein Bruder Max, ein fescher Herr mit guter Schulbildung, ging auch ins Textilge-

Ernst Lubitsch, wie seine Nichte glaubt, umgeben von Kindern und Dienstmädchen aus der Nachbarschaft. Berlin, 1911

schäft; Avrom Morewski, ein Star des Wilnaer Theaters, flüchtete vor den Roten Garden und drehte 1923 mit Ernst Deutsch und Henny Porten in Berlin den Film «Das Alte Gesetz». Anna führte im ersten und in der Kinderstube im zweiten Stock der Schönhauser Allee 183 ein straffes Regiment: Die Buben gingen ins nahegelegene humanistische Sophien-Gymnasium, die Mädchen ins Ulrichs-Lyzeum und alle bekamen Musikunterricht. Ernst lernte Cello und wurde ein guter Pianist, der zeitlebens gern improvisierte. Ehe er sich für die Bühne entschloß, wollte er Dirigent werden. Man stellte ihm ein Piano ins Studio, und auch zu Hause, so erzählt seine Tochter, hat er sich am Klavier erholt[13], selbst wenn Artur Rubinstein oder Wladimir Horowitz zu Gast waren. Richard studierte Medizin und wurde ein bekannter Kinderarzt in Köln, Ernst hielt es nur bis zur Mittleren Reife auf der Schule. Dabei war er offenbar ein eifriges Kind, fanatisch pünktlich und viel sparsamer als sein Bruder, aber er wollte zur Bühne. Anna nutzte geschäftliche Kontakte zu Victor Arnold, Max Reinhardts Charakterkomiker, und nach einer Prüfung seines Talents nahm er ihren Sohn zum Schüler. Die Mutter unterstützte die Theaterpläne, aber der Vater steckte ihn sicherheitshalber noch in eine Lehre

11

zu den Brüdern Hoffmann, Berlins größten Wollieferanten, seinen Geschäftspartnern. «Ich war Expeditionsleiter und habe Ernst zum Kommis ausgebildet. Wenn ich nicht aufpaßte, hockte er hinter den Stoffballen und lernte Schiller oder so was Ähnliches.»[14] Allerdings hätten fast alle Lehrlinge einen Theaterfimmel gehabt. Der alte Simon ist ein unsentimentaler Spötter, die anderen Kinder sind ihm egal, aber Ernst liebt er; und der lacht nur zu allem, was der Vater anstellt. Die Figur des Schwerenöters in *Heaven Can Wait* soll ein Denkmal seiner nachsichtigen Liebe für diesen Vater sein.[15]

Anna starb im Dezember 1914, und das war auch das Ende des Betriebs. Tochter Grete und ihr Mann und Teilhaber, Max Friedländer, eröffneten den Salon nach der kriegsbedingten Schließung neu in der Leipziger Straße, aber sie hatten hohe Verluste und gaben auf. Anna erlebte noch, daß Ernst bei Reinhardt vorsprach und 1911 als Jüngster ins Ensemble aufgenommen wurde. 1913 begann er beim Film. Von 1915 bis 1918 wohnten Schwester Else und ihre Tochter Evy bei Ernst und Simon in der Schönhauser Allee. Lubitsch schlief auf dem Sofa im Salon, es gab kein Bad, die Heizung blieb oft kalt, Evy brachte ihm das Essen ins Deutsche Theater, tagsüber filmte oder schrieb er. Er arbeitete fast pausenlos, aber Evy erinnert sich an seine Fröhlichkeit, seine Lust, anderen Streiche zu spielen. Später beschrieb er diese gutbürgerliche Berliner Jugend: *Ich bin ein echter Berliner. Das ist eigentlich selbstverständlich. Ich war gerade sechs Jahre alt, als ich zum ersten Male den Wunsch äußerte, Schauspieler zu werden. Damals aber war mein Vater anderer Meinung – nämlich, ich sollte zunächst zur Schule gehen und dann Kaufmann werden. Als ich älter war, stellte mein Vater mit Genugtuung fest, daß ich ein ganz brauchbarer Bursche geworden sei. So nahm er mich, drei Jahre nachdem ich die Schule verlassen hatte, als Buchhalter in sein Konfektionsgeschäft auf. Obwohl ich nun einen sogenannten bürgerlichen Beruf ergriffen hatte, gab ich meinen Traum von einer glanzvollen Bühnenlaufbahn doch nicht ganz auf. Ich führte in der nächsten Zeit ein Doppelleben, nämlich bei Tage war ich Buchhalter, nachts Schauspielschüler. Schon in der ersten Woche meiner Tätigkeit ging ich zu Victor Arnold, dem berühmten Schauspieler, und ließ mich von ihm in die theatralischen Anfangsgründe einführen. Nach kurzem Unterricht schon brachte mich Arnold zu Max Reinhardt. Als ich Reinhardt vorgesprochen hatte (ich war damals noch nicht zwanzig Jahre alt), bot er mir eine kleine Rolle in einem seiner Stücke an, die ich natürlich mit Begeisterung annahm. Dann war ich mehrere Jahre bei Reinhardt tätig, bei dem ich als Schauspieler außerordentlich viel gelernt habe. Schon nach den ersten zwei Jahren meiner Bühnenlaufbahn begann ich zu filmen, und zwar vor allen Dingen, um meine Bühnengage zu ergänzen.*[16] Reinhardt aber war mehr als ein Theaterleiter, Reinhardt war eine Institution, die das Berliner Theater zu einem der ersten in Europa machte.

Volkstheater und Kabarett im Berlin der Gründerzeit

In den Gründerjahren erwachte die verschlafene preußische Residenz, nach 1871 entwickelte sich Berlin zur Metropole, versammelte dann in den goldenen zwanziger Jahren die schöpferische Avantgarde Europas. Im Aufbruch waren auch die Theater, und wenn Lubitsch als sechsjähriger Knirps von einer Bühnenlaufbahn träumte, dann muß er sie gekannt haben, so wie Lotte Eisner, auch sie das Kind jüdischer Kaufleute und nur vier Jahre jünger: «Die größte Rolle in meinem kleinen Leben spielte von früh auf das Theater. Das ist lange so geblieben, bis es schließlich dem Kino Platz machte. Schon als Sechsjährige nahmen meine Eltern mich mit ins Theater, und mit acht Jahren ging ich regelmäßig viermal die Woche. Das Angebot in Berlin war reich.»[17]

Nach dem Erlaß der Gewerbefreiheit im Jahre 1869 entstanden in Berlin – wie im ganzen Kaiserreich – viele Privattheater. 1895 verzeichnete der Theateralmanach noch 24, 1900 schon 38 Bühnen, und sie spielten einfach alles. Franz Wallner gründete 1858 das Wallner-Theater, eine Hochburg der Berliner Posse, deren Hausautor David Kalisch (1820–72)[18] sich an Raimund und Nestroy orientierte. Wie im Süden Deutschlands gingen die Theater auch in Berlin ins Gasthaus, zu Mutter Gräbert, die im Vorstädtischen Theater deftige Kost auf die Bühne und die Tische brachte, oder ins Belle-Alliance-Theater, das heute eine Posse wie «Um einen Sechser» und morgen Goethe oder Ibsen spielte; Possen, Operetten und Vaudevilles, vielleicht sogar von den Hausdichtern Eduard Jacobson und Adolph L'Arronge, gab es auch im Krollschen Etablissement im Tiergarten. Im Friedrich-Wilhelmstädtischen Theater spielte man zwischen 1860 und 1870 die neuesten Operetten von Jacques Offenbach und holte sich Stars wie Agnes Sorma und Josef Kainz für Klassiker. Lubitsch war neun Jahre alt, als Wilhelm Meyer-Försters «Alt-Heidelberg»[19] am Berliner Theater mit einem Sensationserfolg uraufgeführt wurde – 26 Jahre später verfilmte er das sentimentale Stück in Hollywood mit originalgetreuen Kostümen und Requisiten. Die Privattheater, nicht die schwerfälligen Hofbühnen, setzten auch Ibsen, Strindberg und die deutsche Moderne in Musterinszenierungen durch. Otto Brahm machte das Lessing-Theater zum Zentrum des Naturalismus; die Volksbühne, ein von den Sozialdemokraten getragener Abonnentenverein, bot mit billigen Karten und arbeiterfreundlichen Aufführungszeiten zwischen 1895 und 1910 nichts weniger als einen Querschnitt durch die dramatische Weltliteratur, selbstverständlich unter Einschluß der Avantgarde: William Shakespeare, das ganze deutsche Drama, fast alles von Franz Grillparzer, die zeitgenössischen Impressionisten und Symbolisten von Maurice Maeterlinck bis Hugo von Hofmannsthal, französische Farcen und Melodramen, süddeutsches und österreichisches Volkstheater:

Ludwig Anzengruber, Karl Schönherr, Joseph Ruederer, Peter Rosegger, Ludwig Thoma, Ferdinand Raimund, Johann Nepomuk Nestroy; die Wiener und Münchner Avantgarde: Arthur Schnitzler, Frank Wedekind, Carl Sternheim; und die volkstümliche Oper: «Freischütz», «Oberon», «Undine», «Zar und Zimmermann», «Don Giovanni», «Troubadour», immer wieder «Die Fledermaus» und «Die Zauberflöte». Angesichts dessen, was er in seinen Filmen ohne viel Federlesens verbraten hat, Melodramen, Opern, Klassiker, Volkstheater, dürfte Lubitsch ein treuer Besucher der Volksbühne gewesen sein. Vermutlich ist er aber auch ins Kabarett gegangen, noch ehe er dort auftrat.

Als die Deutschen diese Kunstform mit dem Geist der Bohème aus Paris importierten, erhofften sie nichts weniger als ein neues Theater – und den Übermenschen. «Die Renaissance aller Künste und des ganzen Lebens vom Tingeltangel her! [...] Und bei uns werden sie [...] das finden, was ihnen allen fehlt: Den heiteren Geist, das Leben zu verklären, die Kunst des Tanzes in Worten, Tönen, Farben, Linien, Bewegungen. [...] Wir werden eine neue Kultur herbeitanzen! Wir werden den Übermenschen auf dem Brettl gebären! Wir werden diese alberne Welt umschmeißen!»[20] Bald nachdem Stilpe in Otto Julius Bierbaums Roman zu diesen Einsichten gelangte, ging er mit seinem Kabarett Pleite und erhängte sich auf der Bühne; sein Autor schrieb jedoch mit den «Deutschen Chansons»[21] einen Bestseller. Benjamin Franklin Wedekind (1864–1918) lebte nicht von den Stücken, die er tagsüber schrieb und die Lubitsch stark beeinflußt haben, sondern von den Moritaten, die er allabendlich im Kabarett vortrug, zuerst in Berlin, später in München. Oskar Panizza (1853–1921), auch er ein Schwabinger Bürgerschreck, erklärte 1896 das Varieté zur Volkskunst[22], und Ernst von Wolzogen eröffnete schließlich am 18. Januar 1901 in Berlin das erste deutsche Kabarett, das «Überbrettl».

Dem Kabarett verdankte auch Max Reinhardt den Beginn seiner Karriere. Der Schauspielerstammtisch des Deutschen Theaters, «Die Brille», beging unter seiner Regie die Nacht der Jahrhundertwende mit einem Kabarettbenefiz, «Schall und Rauch», für den kranken Christian Morgenstern und war so erfolgreich, daß Reinhardt am 9. Oktober 1901 sein eigenes Theater eröffnen konnte. Auch Lubitschs späterer Lehrer Victor Arnold gehörte zu diesem Kreis, zusammen mit Gustav Beaurepaire entwickelte er «Serenissimus und Kindermann», eine Satire mit einem servilen Hofmarschall und einem hochadeligen Trottel. Noch 1920 inszenierte Reinhardt eine Neufassung von «Schall und Rauch». Die Vorbilder für Lubitschs frühe Filme lagen zweifellos beim Kabarett und beim Volkstheater; hier lernte er das Handwerk populären Theaters: Handlungsmuster, Gags, Dialogstrukturen, die Technik der Improvisation und Teamarbeit, nicht zuletzt jenen ständigen Dialog mit dem Publikum, der seine Filme auch stilistisch entscheidend geprägt hat.

Lubitsch beginnt bei Reinhardt
und endet beim Film

1908 verließ Lubitsch das Gymnasium und nahm Privatstunden bei Arnold, 1911 begann er bei Reinhardt, bis 1918 spielte er durchweg kleine und kleinste Rollen; Ernst Mátray behauptete sogar, er habe als Garderobenassistent angefangen. Von einem Gastspiel in Paris mußte er sich im Zug nach Köln schaffen lassen, wo man ihm unter der Obhut seines Bruders einen entzündeten Blinddarm herausschnitt.[23] Er spielte viel und regelmäßig, im Theateralltag sicher mehr, als die Premierenzettel vermuten lassen, aber glanzvoll waren seine Auftritte nie. Gottfried Reinhardt war später in Hollywood ein wenig pikiert, als Lubitsch einmal auf all die Rollen anstieß, *die mir Ihr Vater nicht gegeben hat,* aber der Schreiber im «Sommernachtstraum», Peto und Troßbube David in «Heinrich IV.», Zweiter Totengräber in «Hamlet» und wieder ein Schreiber in «Viel Lärm um nichts», kleine Rollen in «Don Juan» (Sternheim), «Der blaue Vogel» (Maeterlinck), «Franziska» (Wedekind), in verschiedenen Stücken von Hauptmann, Strindberg, Gorki oder im «Traumulus» (Holz/Jerschke), immer wieder Typen wie «Ein Verwachsener», «Hosenschlitz», «Ein Wilder», «Der Pelzhändler», «Ein Souffleur», das konnte ihm nicht genügen.[24] Immerhin war er am besten deutschen Theater. «Die Neuinszenierungen der Reinhardt-Bühnen, die bald auch Avantgarde-Stücke, politisches und expressionistisches Theater brachten, waren zehn bis fünfzehn Jahre lang das kulturelle Tagesereignis Berlins. [...] Reinhardts

Lubitschs erste Bühne: das Deutsche Theater an der Schumannstraße, Berlin.
Um 1912

Licht-Dramaturgie beeinflußte eine ganze Generation von Film- und Theaterregisseuren. Er schuf die Atmosphäre von italienischen Renaissance-Tableaux und Rembrandt-Bildern. Von den flutenden Massen im wechselnden Licht ging er über zu stillen Szenen, mit einzeln herausgehobenen, lichtumstrahlten Köpfen. [...] Die Kostüme waren bis ins kleinste ausgearbeitet, ebenso der reiche Dekor, den ihm sein Bühnenarchitekt Ernst Stern mit viel Phantasie und historischer Sachkenntnis gestaltete.»[25] Natürlich übernahm Lubitsch in seine Filme Effekte, von denen ganz Berlin redete – aber er lernte auch improvisieren. In Reinhardts Besetzungsplänen wirbelten Darsteller und Rollen so durcheinander, daß etwa im «Sommernachtstraum» fast jeder jede Rolle spielte. Sie müssen chargiert und extemporiert haben, daß es eine Lust (oder ein Graus) war.

Lubitschs Lehrer Victor Arnold war für ihn sicher wichtiger als Reinhardt. Er war ein Komiker in der volkstümlichen Tradition, kein unkomplizierter Spaßmacher; später brach er in einer Kriegspsychose auf offener Bühne zusammen und nahm sich bald darauf das Leben. Der große Volksschauspieler Max Pallenberg übernahm seine Rollen. Arnold hat Lubitsch für seine zweite Filmrolle in «Die Firma heiratet» empfohlen und war hier wie in «Der Stolz der Firma» sein Partner. Ihm dürfte Lubitsch den wichtigsten Rat seiner Laufbahn verdanken: aus dieser Rolle eine Type des Berliner Volkstheaters und des Zeitgeistes zu machen. Lubitsch wußte, daß dies seine Karriere begründete. Jahrzehnte später, in

Lubitschs Lehrer Victor Arnold (mit Kneifer) in «Die Klabriaspartie» am Metropoltheater

seiner Bilanz für Theodor Huff, sprach er mehr vom unbekannten Arnold als von Reinhardt: *Der verstorbene Victor Arnold, der bekannte Schauspieler, der in Ihrem Index erwähnt wird, war mein Lehrer. Er hatte auf meine gesamte Laufbahn und meine Zukunft großen Einfluß. Nicht nur stellte er mich Max Reinhardt vor; indem er mir die Rolle des Lehrlings in «Die Firma heiratet» verschaffte, war er auch für meinen ersten Filmerfolg verantwortlich. Obwohl ich in dem nächsten Film, «Der Stolz der Firma», Hauptdarsteller war und der Film Erfolg hatte, kam meine Filmlaufbahn zu einem Stillstand. Ich war abgestempelt, und niemand schien eine Rolle zu schreiben, die mir angemessen war. Nach zwei Erfolgen war ich vollkommen draußen, und da ich nicht aufgeben wollte, sah ich mich genötigt, selbst Rollen für mich zu schaffen. Zusammen mit einem Freund, dem inzwischen verstorbenen Erich Schönfelder, schrieb ich eine Serie von Einaktern, die ich an die Union-Gesellschaft verkaufte. Ich inszenierte sie und spielte in ihnen die Hauptrolle. Und so wurde ich Regisseur. Wäre meine Schauspielerkarriere glatter verlaufen, wäre ich vielleicht nie Regisseur geworden.*

Nachdem ich diese Serie von Lustspiel-Einaktern beendet hatte, beschloß ich, zum Spielfilm zurückzukehren. Wie jeder Komiker wollte ich gern eine ernste Hauptrolle spielen, eine Art «Bonvivant»-Rolle. So schrieb ich meinen Mitarbeitern ein Drehbuch mit dem Titel «Als ich tot war». Der Film war ein völliger Fehlschlag, weil das Publikum nicht bereit war, mich in einer ernsten Rolle zu akzeptieren.

Ich beschloß, mit dem Film «Schuhpalast Pinkus» zu der Art von Rollen zurückzukehren, die mir den ersten Erfolg gebracht hatten. Der Film war ein großer Erfolg, und ich schloß mit der Union-Gesellschaft einen neuen Vertrag für eine Serie von Filmen dieser Art. Ich möchte erwähnen, daß solche Filme damals als Spielfilme betrachtet wurden und die Hauptattraktion waren. Zu dieser Zeit geschah es, daß ich Ossi Oswalda entdeckte und ihr die Hauptrolle in einem meiner Filme gab. Sie hatte solchen Erfolg, daß ich beschloß, sie in eigenen Filmen herauszustellen und nur als Regisseur zu fungieren. Schließlich interessierte mich die Regie zunehmend mehr als die Schauspielerei, und nachdem ich meinen ersten dramatischen Film mit Pola Negri und Jannings gedreht hatte, verlor ich jedes Interesse daran, Schauspieler zu sein. Erst 1919, glaube ich, als ich in «Sumurun» spielte, stand ich wieder vor der Kamera. Mein letzter Bühnenauftritt war 1918 in einer Revue, «Die Welt geht unter», im Berliner Apollo-Theater.[26]

Diese Erinnerungen erklären, warum er bei Reinhardt nichts geworden ist. Ein zwanzigjähriger Debütant, der so klar erkennt, wie das Publikum ihn sehen will, der diese Einsicht in wenigen Wochen in ein Drehbuch und dann in einen Film umsetzen kann, der sich auf Anhieb als begabter Autor und Regisseur erweist, der konnte nie (mehr) das geschmeidige Werkzeug sein, das autoritäre Regisseure wie Reinhardt sich wünschten. Was er als Regisseur von Reinhardt lernte, war ein Sinn für Effekte, für Organisation, Tempo und den psychologischen Feinschliff wichtiger Rollen.

Lubitsch und die Anfänge des deutschen Films

Am 1. November 1895 lud Max Skladanowsky im Berliner Wintergarten zur ersten öffentlichen Filmvorführung seines Bioscop-Projektors. 1897 brachte Oskar Meßter 84 eigene Filme auf den Markt; sie boten proletarische Unterhaltung wie Zirkus, Vaudeville und Volkstheater und spielten in Vorstadtbühnen und Buden. 1905 gründete Paul Davidson, Lubitschs späterer Produzent, die Allgemeine Kinematographen GmbH, später Projektions-AG Union; einem Filmpalast am Berliner Alexanderplatz folgten weitere Union-Theater, die 1910 schon von 2,5, 1911 bereits von 4 Millionen Zuschauern besucht wurden. 1910 führte Davidson das Verleihsystem ein und 1909 produzierte Meßter mit Henny Porten «Das Liebesglück der Blinden», den ersten deutschen Film, der internationale Beachtung fand. Aber ein Boykott durch den Verband deutscher Bühnenschriftsteller, dem sich Schauspieler und Regisseure anschlossen, blockierte die künstlerische Entwicklung. Erst im November 1912 gelang es Paul Davidson, einige bekannte Dramatiker und Regisseure zu verpflichten: Schnitzler und Hauptmann schrieben Film-Treatments, an Max Reinhardt zahlte Davidson sogar die Rekordgage von 200000 Reichsmark für «Die Insel der Seligen» und «Eine venezianische Nacht», Filme, die eher erfolglos blieben, aber den Bann brachen. Schon 1913 spielte Paul Wegener, immerhin Reinhardts Othello und Macbeth, die Hauptrolle in «Der Student von Prag». Nun entwickelte sich Berlin rasch zur Filmmetropole, für die es alle Voraussetzungen besaß. Hier lag das finanzielle und geographische Zentrum des Deutschen Reichs, hier arbeiteten, dank Reinhardt, sowohl die besten wie auch viele junge, schlechtbezahlte Schauspieler. Lubitsch war einer von ihnen. Der Krieg brachte einen weiteren Aufschwung: Er verstärkte das Bedürfnis nach Unterhaltung und verminderte die ausländische Konkurrenz. Es lag nahe, den Film zur Kriegspropaganda einzusetzen, wie es Frankreich schon erfolgreich tat. Aber tatsächlich ging die Gründung der Ufa wohl eher auf Geschäftsinteressen zurück, genauso wie sich auch in den USA finanzkräftige Filmunternehmen bildeten. So kam es am 14. Februar 1918 unter der Regie des Bankiers Georg von Stauss zur Gründung der Universum Film Aktiengesellschaft (Ufa) mit einem Gründungskapital von 25 Millionen Reichsmark, die Filmwirtschaft, Produktion, Verleih und Vorführung unter einem Dach zusammenfassen sollte. Georg von Stauss hatte alle großen deutschen Produktions- und Verleihfirmen, ihre Vorführtheater, ihre Immobilien und sogar ihre Fabriken aufgekauft und setzte dafür

Bankgelder, Kapital aus Handel, Transportwesen und der elektrotechnischen Industrie ein; er überzeugte bürgerliche Anleger und Finanzmagnaten vom Film als einer gewinnträchtigen Industrie, in die man sein Geld angesichts des verlorenen Kriegs investieren konnte. Bei ihrer Gründung war die Ufa zehnmal größer als jede einzelne ihre Vorgängerfirmen, in ihrem Direktorium saßen Industrielle und Bankiers.[27] «Wie die amerikanische durchlief auch die deutsche Filmindustrie eine Entwicklung von kleinen, privaten Produktionsfirmen zu Monopolkartellen, die Aufführungskinos, Verleih und Produktion kontrollierten. [...] Die tatsächlichen Gründer der Ufa – kommerziell interessierte Bankiers und Industriemagnaten – glaubten, daß nur Filmfirmen mit beträchtlichen finanziellen Ressourcen auf dem internationalen Markt mit den dominierenden Amerikanern konkurrieren konnten. Es war allgemeine Überzeugung, daß man nur mit großen Budgets hochklassige Filme produzieren konnte, die auf dem Weltmarkt Interesse finden würden.»[28]

Unter dem neuen Ufa-Dach drehten die alten Firmen ihre Filme weiter, wie bisher. Die Bilanz des Jahres 1918[29] wies Davidsons Union-Film als den eigentlichen Aktivposten aus: Vier Großfilme, zwölf Zweiakter, vier Melodramen mit Pola Negri, sechs Komödien mit Ossi Oswalda, zwei Komödien mit Ernst Lubitsch, zwei phantastische Filme mit Paul Wegener. Letztlich war es Lubitsch, der die Investitionen der Ufa rechtfertigte, und Paul Davidsons Vertrauen in sein Talent gab ihm dazu die Möglichkeit.

«Lubitsch hat als einer der ersten Europäer, wie Griffith in Amerika, Filme geschaffen, bei denen er alle Elemente des Films berücksichtigte: das Buch, die Darstellung, die Ausstattung, Beleuchtung, Kameraarbeit, Kostüme etc. [...] Paul Davidson, sein Produzent und der erste Produktionschef der Ufa, war, meines Erachtens, die dritte wichtige Figur in dieser Entwicklung. Es ist ganz unbegreiflich, daß dieser kleine Preuße, vielleicht der wichtigste Pionier des frühen deutschen Films, der die Geschicke der Ufa leitete, bis ihn Erich Pommer 1922 ablöste, in französischen oder amerikanischen Quellen kaum je genannt wird. Und doch waren es seine Konzepte, die den Grund legten für die größten Leistungen der Ufa.»[30] Paul Davidson und Ernst Lubitsch sorgten mit *Die Augen der Mumie Mâ* und *Carmen* fast allein dafür, daß die Rechnung von Georg von Stauss an der Kinokasse aufging.

Lubitschs Berliner Typenkomödien und Possen, 1913–1918

Lehrlingsjahre beim Film

Die Mehrzahl der Filme, die Lubitsch zwischen 1913 und 1923 gedreht hat, sei es als Darsteller oder als Regisseur und Autor, sind verloren und nur aus zeitgenössischen Kritiken zu erschließen, darunter leider auch *Rausch* und *Die Flamme*, die Lubitsch zu den besten Leistungen seiner Jugend zählte. Soweit die Filme erhalten sind, sehen sie längst nicht immer so aus, wie die Filme gedacht waren. Viele sind verstümmelt, falsch geschnitten, mit rückübersetzten Zwischentiteln, meist ohne die originalen Einfärbungen, fast immer fehlt die ursprüngliche Begleitmusik. Die wenigen restaurierten Filme, die wir etwa den Kinematheken von München und Rochester verdanken, geben uns einen Begriff dessen, was uns entgeht.

Lubitsch begann mit wilhelminischen Possen und Typenkomödien, gegen Ende des Weltkriegs entdeckte er neue Formen und Genres, drehte nebeneinander surreale Satiren, Historienfilme und Melodramen.

Diese Entwicklung war nicht denkbar ohne den Autor Lubitsch, der ja ganz buchstäblich seine Filme selber schrieb. Schreiben blieb die einzige künstlerische Tätigkeit, die er nie aufgab; er verzichtete darauf zu spielen und führte statt dessen Regie; er überließ gelegentlich anderen seine Bücher zur Verfilmung – Borzage drehte «Desire» und Preminger «A Royal Scandal» –, aber er hat nie einen Film gedreht, dessen Buch nicht auch von ihm stammte. Das Schreiben war sein eigentlicher Schöpfungsakt. «Ich werde niemals vergessen, welches Vergnügen es war, mit Lubitsch zu arbeiten. An keinem Drehbuch saßen wir länger als sechs Wochen. Und pro Tag arbeiteten wir selten mehr als ein paar Stunden. Zugegeben, die Zahl der Zigarren, die dabei in Rauch aufgingen, war enorm. Zwar war unsere reine Arbeitszeit kurz, aber Lubitschs Konzentration so stark, daß er nach ein paar Stunden erschöpft war. Dann fragte er unweigerlich, ob ich nicht vielleicht müde sei! Zu dieser Zeit arbeiteten wir natürlich nicht mehr in Cafés, sondern suchten uns ein Domizil im Gebirge. Für mich als Autor war es eine zusätzliche Freude, daß jedes Wort des endgültigen Drehbuchs auch tatsächlich in Bilder umgesetzt wurde. Hatte Lubitsch einmal mit den Dreharbeiten begonnen, nahm er keine Änderungen mehr vor. Folglich haßte er auch Vorschläge, die von den Schauspielern am Drehort gemacht wurden und auf Improvisation hinausliefen.»[31]

Hans Kräly bei der Premiere von «Die Puppe», Berlin 1919

Er schrieb immer mit Partnern, liebte es, die Szenen auszuagieren. Das war nicht nur die Marotte eines Schauspielers, sondern wohl die Voraussetzung dafür, daß es ihm gelang, einen Dialog zwischen Leinwand und Zuschauern herzustellen, wie er sonst nur im Theater möglich scheint. Fast immer benutzte er Vorlagen und zerlegte sie bis zur Unkenntlichkeit. Dafür hatte er mindestens zwei gute Gründe. Wenn er ein Bühnenstück wie «Design for Living» verfilmte, formulierte er es neu in seiner Filmsprache, und das erforderte von der Handlung bis zu den Figuren und ihrem Dialog völlig andere Lösungen als auf der Bühne. «Jeder Mensch, der etwas zu sagen hat, denkt sprachlich. Daß wir Filmleute mit einem anderen Mittel sprechen, ändert daran nichts; denn auch die richtig gemachten Bilder und Schnitte haben, wenn sie erzählen sollen, sprachliche Formen.»[32] Lubitsch war ein Poet, der auf Nitratfilm schrieb wie andere auf Papier. Von der Idee bis zum letzten Schnitt trugen seine Filme seine Handschrift.

Daß er Vorlagen so radikal umbaute, lag aber auch daran, daß er seine Ideen und seine Philosophie ausdrücken wollte. Sie zogen sich wie ein roter Faden durch sein Werk und entgingen der Aufmerksamkeit der Kritiker vor allem deshalb, weil man ihn als Entertainer abtat. Er hatte nichts anderes erwartet. *Von welchen Historikern redest du? Sie werden dich auslachen. Ein Film – jeder Film, gut oder schlecht – endet in einer Blechdose im Lager, in zehn Jahren zerfällt er zu Staub. […] Du bist beim Theater geblieben, Sam, und das war klug. Welche Universität lehrt Film? Aber Dramen sind Literatur. Deine Stücke werden gedruckt. Eines Tages findet sich ein Student, der sie studiert, du hast eine faire Chance.*[33]

Die wilhelminischen Possen – Volkstheater, Kabarett und «élan vital»

Lubitsch begriff, daß er mit seinem Moritz Abramowsky, der modernen Fassung einer alten Possenfigur, den Nerv der Zeit getroffen hatte. Typen, feste Rollen, Rituale und die anarchische Sprengkraft des starken Individuums blieben nun für lange Zeit sein Thema – und die Quelle seiner Komik. Der Philosoph der Gründerzeit, Henri Bergson, liefert mit seiner Theorie des «élan vital, der Lebenskraft, die den Geist über die Materie triumphieren läßt», die Erklärung für Lubitschs Thema.[34] Komik entstehe, wenn Mechanisches auf Lebendes geklebt wird, wenn Verhärtungen und Automatismen das elastische, dynamische Leben einengen.[35] So seien etwa Molières Geiziger oder Tartuffe von mechanischen Zwängen in ihrer natürlichen Menschlichkeit so eingeengt, daß man über sie lache. Lubitschs Helden der wilhelminischen Possen eroberten mit Lebenslust und List ihr «natürliches Lebensrecht» gegen eine ganze Phalanx von zwanghaften Spießbürgern. Der Zuschauer lacht über diesen Zusammenprall «gesunder», «animalischer Instinkte» mit dem wilhelminischen Bürgertum, wie er auch schon bei Wedekind oder Sternheim gelacht hatte, die fraglos Lubitschs wichtigste literarische Vorbilder waren. Sternheims rücksichtslose Aufsteiger, der Proletarier Schippel, der Bürger Maske, oder Wedekinds Begeisterung für «Lebensgenuß», ausgelebte «Natur», für Lulu, «das wilde, schöne Tier», finden sich, nur volkstümlicher, auch beim frühen Lubitsch. Wedekinds Marquis von Keith sah «den allergewichtigsten Lebensgenuß» als sein «rechtmäßiges Erbe», Lubitsch aber begabte seine anarchischen Egoisten überdies mit der Kindlichkeit großer Clowns. Was bei Kindern naiv und kreatürlich ist, wird bei Sternheims erwachsenen Egomanen oder Wedekinds Erotomanen leicht pathologisch. Lubitsch riskierte erwachsene Anarchisten erst, als er sie mit Darstellern besetzen konnte, denen auch der Zuschauer gerne eine Ausnahmequalität zubilligte. Pola Negri war die erste, Miriam Hopkins oder Gary Cooper waren nicht die letzten. Einstweilen aber blieb er beim Volkstheater, das ihn zum Star gemacht hatte, steckte seine Sternheim- und Wedekind-Helden in die hergebrachten Heirats- und Liebeshändel, Handwerker- und Geschäftspossen[36] – nicht viel anders als vor ihm Nestroy oder zur gleichen Zeit Karl Valentin.

Nach seinem Einstand beim Film, «Die ideale Gattin», 1913[37], folgte der erste Firmenfilm, der erste seiner vitalen Ladenschwengel, der hier Moritz Abramowsky heißt und es zum Schwiegersohn des Hoflieferanten Mayer bringt, gespielt von Victor Arnold. «Es war ein mitternächtlicher, vergnügter Spuk, eine heitere Stunde, die uns um Jahre verjüngte, denn das ganze Parkett hat ununterbrochen gelächelt, gelacht, gewiehert und gebrüllt, solch eine Fülle von Witzraketen prasselte von der weißen Wand herab. [...] Diese Film-Idee [...] ist ein Kunstwerk allererster Ranges, wird einen Siegeszug antreten und Sonnenschein verbreiten.»[38] Das Lob galt dem Film «Die Firma heiratet»; schon zwei Monate später folgte «Bedingung – kein Anhang», den die Deutsche Bioscop GmbH am 21. März 1914 wegen eines «völlig unerwarteten Zensurverbots» zurückziehen mußte, und dann kam bereits am 30. Juli 1914 die erste Fortsetzung des Firmenfilms, «Der Stolz der Firma». Aus Moritz Abramowsky wurde Siegmund Lachmann, der nun aus Posen kam und in Berlin die Prokura und die Tochter des Modesalons eroberte – so wie Simon Lubitsch aus Wilna in Berlin eine Frau und sein Geschäft fand. Später lieferte Simon Lubitsch das Vorbild für den alten Roué in *Heaven Can Wait*, in den Berliner Possen aber war er ganz sicher ein Modell für die jungen Aufsteiger vom Schlage eines Moritz, Siegmund oder Sally.

Dann begann der Erste Weltkrieg, und nach zwei Lehrbuben und zwei kleinen Charakterrollen schien Lubitschs Filmkarriere am Ende. Seine Lausebengel waren Kassenschlager, aber niemand wollte das Potential der Figur oder des Darstellers erkennen. So gründete er 1915 mit Ernst Mátray, einem Kollegen aus dem Reinhardt-Ensemble, die Malu-Film. Gemeinsam schrieben und produzierten sie zwei Filme, *Aufs Eis geführt* und *Zucker und Zimt*, die kurz hintereinander am 21. und 28. Mai 1915 herauskamen. Sie teilten sich die Regie und traten als Darsteller auf. Nicola Lubitschs Erinnerung, der Großvater habe für den Sohn eine Filmausrüstung gekauft, kann sich nur auf diese Episode beziehen, die rasch in der Pleite endete. Danach spielte Lubitsch wieder in den Filmen anderer Regisseure: 1915 in «Arme Marie», «Fräulein Piccolo» und «Robert und Bertram oder: Die lustigen Vagabunden», 1916 in «Doktor Satansohn» und 1917 in «Hans Trutz im Schlaraffenland».

In Paul Davidson fand Lubitsch schließlich einen Produzenten, der ihn förderte, und er gab nie wieder Regie oder Buch aus der Hand. Paul Davidson engagierte ihn für seine Projektions-AG; gedreht wurde in den Ateliers der Union in Tempelhof, die Uraufführungen feierte man in kurzen Abständen in den Theatern der Union am Nollendorfplatz, Unter den Linden, in der Friedrichstraße, am Alexanderplatz oder Kurfürstendamm. Die Front und das Kaiserreich brachen zusammen, die Menschen hungerten und revoltierten, aber Lubitsch variierte sein Thema und drehte wie besessen. Nie wieder hat er so viele Filme in so kurzer Zeit produziert: Von «Die ideale Gattin», 1913, bis zu *Die Austernprinzessin*, Juni 1919, brachte er es auf sechsunddreißig. Voraussetzung dafür waren ein eingespieltes Team und ein kollektiver Arbeitsstil, der wie eine Low-budget-Version der amerikanischen Studios anmutet, tatsächlich aber den Traditionen des Volkstheaters und des Kabaretts entsprach. Kurt Richter baute die Dekorationen, später leistete man sich Ernst Stern, Reinhardts Ausstattungschef, der auch dazu beitrug, daß man Lubitschs Filme mit Reinhardts Inszenierungen verglich. An der Kamera standen Alfred Hansen und immer öfter Theodor Sparkuhl, der von der Wochenschau

Lubitsch
und sein Produzent
Paul Davidson, 1921

kam und später nach Hollywood ging. Dort belehrte er 1941 Robert Siodmak, der im Exil seinen ersten Film für Paramount drehte: «Solche
Einstellungen macht man in Deutschland, aber nicht in Amerika!»[39] Lubitschs Mitautoren waren Erich Schönfelder und Hanns Kräly: «Das war
1913 in Berlin. [...] Eines Tages kam er mit der Frage auf mich zu, ob wir
nicht gemeinsam einen Film machen könnten. Ich sagte zu, obwohl die
Firma mir als Autor nur 25 Mark für das ganze Drehbuch zahlen konnte.
[...] Von der Zeit an arbeiteten wir zusammen, 17 Jahre lang. In jenen
Tagen wurden die Rollenbesetzungen in den Cafés in der Gegend um die
Friedrichstraße herum abgesprochen. Um zwei Fliegen mit einer Klappe
zu schlagen, regte Lubitsch an, unsere Arbeit in den Cafés zu erledigen.
Dort entwarfen wir an einem Tag die Story und am anderen Tag schrieben wir sie nieder. Im Durchschnitt schafften wir zwei vollständige Kurz-
filme pro Monat. Doch bald hatten die Schauspieler spitzbekommen, was
wir da trieben, und sie machten es sich zur Gewohnheit, an unserem Tisch
vorbeizuschauen, um nach Rollen zu fragen. Lubitsch, der eine unge-

wöhnliche Konzentrationsgabe besaß, fühlte sich durch diese Unterbrechungen gestört. Er scheute von Natur aus davor zurück, andere zu verletzen. So löste er das Problem, indem er von einem obskuren Café ins andere flüchtete, den Schauspielern immer um eine Nasenlänge voraus. Nach dreißig oder vierzig solchermaßen improvisierten Produktionen überredete Lubitsch seinen Produzenten, Paul Davidson, ihn lange Filme, Dreiakter, machen zu lassen. Der erste hieß *Schuhpalast Pinkus* und war ein bemerkenswerter Erfolg.»[40] Lubitsch schuf sich ein Ensemble und holte sich seine Kollegen vom Deutschen Theater: seinen Lehrer Victor Arnold, Margarete Kupfer und Harry Liedtke. 1913 hatte er mit ihnen Molières «Georges Dandin» gespielt, Arnold als Dandin, Lubitsch als Diener Colin, Liedtke als Clitandre. Stars wie Paul Wegener, Emil Jannings, Eduard von Winterstein kamen hinzu; sie schätzten Gage und Popularität. Wichtiger wurden die Stars, die er selber schuf, die seine Typen und Ideen verkörperten, mit ihnen fast identisch wurden. Ossi (Oswalda) Sally (Lubitsch) und Pola (Negri) variierten seine anarchischen Rebellen, ihre Lust am Essen, Trinken, langem Schlafen, an Macht und Geld – ihren Widerstand gegen die Domestizierung von Instinkten und Trieben. Sie zeigten die grotesken Machtkämpfe und die Entwürdigungen der Sexualität, denn Erotik erscheint hier grotesk, animalisch, zwanghaft, aber nie sentimental oder schmachtend. Lubitsch selber war der erste, der die

Lubitsch als Siegmund Lachmann in «Der Stolz der Firma», 1915

Bandbreite seines Typs ausprobierte, und in den wilhelminischen Possen spielte er sie noch selber durch. In «Der Stolz der Firma» als anarchisch-schlauer Diener mit kindlich-lustvoller Nicht-Anpassung ans bürgerliche Milieu, als Moritz, Siegmund oder Sally faszinierte er die Damen im Film (und im Publikum) durch den Sex-Appeal und die ansteckend gute Laune eines Raubtiers, das sich wohl fühlt. Harpo und Groucho Marx schufen ähnliche Figuren; Lubitsch jedoch gab seinen Typen die Härte von Berliner Gassenjungen und den élan vital der Gründerjahre. Offenbar empfanden alle Regisseure, die ihn besetzten, die Aura von Anarchie und Sexualität, die Lubitsch umgab, aber sie nutzten sie konventioneller oder schoben sie an den Rand. Deshalb sorgt der Kommis Lubitsch in «Arme Maria» nur noch für die komische Ablenkung von der Tragödie einer Warenhausverkäuferin, die von Schurken erpreßt, vom edelmütigen Chef geheiratet, zuletzt doch im Selbstmord endet. In «Fräulein Piccolo» zwingt ein Personalengpaß im väterlichen Hotel die Tochter zur Doppelrolle als Piccolo und Zimmermädchen. Lubitsch darf ihr nur kurz als lüsterner Handelsvertreter Avancen machen. In «Robert und Bertram oder: Die lustigen Vagabunden» spielte er einen zwielichtigen Herrn in Geldgeschäften, ungehemmt, in diesem Fall, nur in seiner Geldgier. Lubitsch selber verschärfte sein anarchisches Thema in seiner ersten eigenen Regie durch den Wechsel von Geschlechts- und Lebensrollen. Den Kampf des jungen Mannes mit dem Patriarchen in Berufs- und Liebesdingen wiederholt er nun als Kampf des Bewerbers mit der Mutter um die Tochter. Aus dem Lehrbuben wird ein Lehrmädchen, das sich in Beruf und Liebesleben behauptet: *Fräulein Seifenschaum* riskierte 1915 eine handfeste Satire auf den Kriegsalltag. Die Männer sind im Feld, Mutter und Tochter betreiben das Barbiergeschäft, die Tochter seift ein, die Mutter hantiert blutig mit den Messern. Lubitsch läßt sich von der Tochter schneiden und – zum Ausgleich – küssen.

Dieses Schwiegermutter-Motiv variierte Lubitsch gleich noch in den Filmen *Der Kraftmeyer,* 1915 für die Projektions-AG gedreht, *Blindekuh,* das am 28. Mai 1915 in den Unions-Theatern anlief, und *Als ich tot war,* den die Lichtbild-Bühne am 28. August 1915 annoncierte. Hier vergriff er sich und spielte einen domestizierten, sentimentalen Schwächling, wie er als Kontrast zum vitalen Helden in seinen Filmen schon immer vorkam. Diese Figur akzeptierten die Zuschauer zwar von einem Harry Liedtke, aber nicht von Lubitsch. Ihn wollten sie unangepaßt, als kraftvollen Triebtäter, den er noch 1917 in *Prinz Sami* wiederholte, als eine Art königlicher Lehrling. «Prinz Sami, ein durchaus schlecht erzogener, ungeschliffener Naturbursche aus Negerien, wird an den überkultivierten Hof der Herzogin Maria von Arragonien verschickt, wo er zunächst alles zur Verzweiflung bringt, dann aber im raschen Lustspielschwange gar zum Prinzgemahl avanciert.»[41]

Lubitsch merkte, daß er ein Star-Image hatte und griff auf den Firmenfilm zurück, als er 1916 einen Erfolg brauchte. Für *Schuhpalast Pinkus* warb er im «Kinematograph» vom 21. Juni 1916 als *Lustspiel-Schlager der Saison, im Genre: Die Firma heiratet,* rühmte *köstliche Milieuschilderung* und *glänzend gezeichnete Typen.* Sally fliegt von der Schule, weil er zu faul und zu clever ist, wird Lehrling in einem Schuhgeschäft, beherrscht aber vor allem den Umgang mit den Damen. Eine reiche Kundin leiht ihm Geld für ein eigenes Geschäft, Sally hat Erfolg und bietet ihr die Rückzahlung oder seine Hand, so *bleibt es in der Familie.* Pinkus ist grotesk, größenwahnsinnig wie ein Sternheimscher Prolet, aber nie servil. Entzückt ihn der hübsche Fuß einer Kundin, dann beißt er fast hinein. Braucht er Werbung für sein Schuhgeschäft, unterbricht er aus seiner Theaterloge die Vorstellung mit einer Werbeshow, die alles auf der Bühne in den Schatten stellt. «Sein Körper schlägt unentwegt Rad, so demonstrativ sind die Signale des Wohlbefindens, der Überlegenheit, der Grandiosität.»[42] Sally Pinkus war Lubitschs größter Erfolg in der Kaiserzeit.

In *Der GmbH-Tenor,* 1916, wurde Lubitschs Lehrling dann selber zum Geschäftskapital: Eine Aktiengesellschaft von Gönnern will seinen Tenor ausbilden und ausbeuten. Ein Rivale verdirbt ihm das Debüt als Lohengrin, seine Sängeraktien sinken, er aber ist wieder sein eigener Herr und kann ins Geschäft und zu Cousinchen Ossi Oswalda zurückkehren. Leider ist diese Variante seines Themas ebenso verloren wie zwei andere Filme, in denen Lubitsch als der clevere Assistent des Detektivs – *Der Fall Rosentopf,* 1918 – oder als der freche Lehrling Sally Katz – *Der Blusenkönig,* 1917 – im wohlvertrauten Berliner Konfektionsmilieu reüssiert.

In den erhaltenen Filmen sehen wir, wie Lubitsch sein Thema satirisch zuspitzt. Aus den kindlichen Rebellen werden nun ältere Bürger, die aufbegehren gegen die Unterdrückung ihrer Wünsche. In *Wenn vier dasselbe tun,* 1917, und «Doktor Satansohn», 1916, tun die Alten dasselbe wie die Jungen: Emil Jannings und Margarete Kupfer umbalzen sich mit den gleichen Ritualen wie Kommis und Tochter, sind aber unvergleichlich komischer.

In «Doktor Satansohn», 1916, ist Lubitsch der Satan persönlich und leitet ein Schönheitsinstitut. Er verjüngt die Mutter, die den Mann ihrer Tochter begehrt, unter der Bedingung, daß sie keinen Mann küssen darf. Aber dann verliebt er sich selber in die Mutter, und die verzichtet für einen Kuß des faszinierenden Dr. Satansohn auf die ewige Jugend. Lieber alt und sexuell aktiv, als jung und asketisch!

Das rebellische Potential solcher Rollen verstanden spätere Kritiker offenbar nicht mehr; statt dessen wunderten sie sich bis zur Peinlichkeit, wieso Lubitsch den Liebhaber spielen wollte, wo er doch so gar kein schöner Mann war.

Dabei übersahen sie, wie überzeugend er das in seinen Possen getan hatte. Niemand bedauerte die Damen, die am Ende einen Sally oder

Moritz heirateten, und als Dr. Satansohn entwickelte er eine beachtliche dämonische Anziehungskraft. Aber natürlich war er die personifizierte Kritik an der romantisch-schmachtenden Liebe. Harry Liedtke mit dem Schmollmündchen und dem «superschmalzigen Sexappeal», dessen «etwas fülliger Leib vor Leidenschaft und Sehnsucht zitterte»[43], glaubte man den romantischen Liebhaber – Lubitsch nicht. Mit Recht. Es war seine nüchtern-intelligente Ausstrahlung, nicht sein Aussehen, das ihn für die dämlichen Liebhaber disqualifizierte, die Hermann Thimig oder Harry Liedtke spielen konnten. In den Witzeleien über sein Aussehen steckte viel Rassismus und Abwehr der intelligenten Erotik, die er bevorzugte und mit den richtigen Darstellern sogar im noch viel kitschverliebteren Hollywood durchsetzte. Wie er den erotischen Geschmack des Publikums einschätzte, hat er mit dem Liebhaber, den er Harry Liedtke in *Carmen, Madame Dubarry* oder *Sumurun* spielen ließ, recht hinterhältig gezeigt. Aber er verlor die Lust am Spiel. In *Der Gemischte Frauenchor,* 1916, spielte er noch selber das Objekt sexueller Begierde. Als neuer Kapellmeister wurde er von einem ganzen Chor liebestoller Ehefrauen verfolgt, bis Lieschen Keck die Eifersucht der Ehemänner weckte und ihn wegheiratete. In *Das Mädel vom Ballett,* 1918, werden sexuelle Obsessionen dieser Art verdoppelt: Harry Liedtke als Intendant des fürstlichen Hoftheaters soll die Damen ebenso ins Theater locken wie die Primaballerina, Ossi Oswalda, die Herren der Stadt.

Ossi Oswalda spielt in Lubitschs wilhelminischen Possen eine weibliche Variante des Sally Pinkus, die sich erfolgreich gegen Domestizierung und sexuelle Rollenzwänge wehrt. Die kindliche Ossi möchte alles tun dürfen, was Männer tun, und sagt erst, wenn sie mit ihrem Mann schlafen will, *Ich möchte kein Mann sein.* Als erste seiner androgynen Frauen raucht sie Zigarren, sitzt im Smoking an der Bar. Der fesche Vormund sperrt das Mädchen ein und verliebt sich in ihr männliches Ebenbild. Bisexualität war für Lubitsch kein Tabu, oft ein Thema. Daran hinderten ihn weder die Zensoren des Kaisers noch Will Hays, der Aufpasser des Production Code.

Vermutlich ging es auch in *Meine Frau die Filmschauspielerin* um den Tausch von Sozial- und Geschlechterrollen. Die Filmdiva Ossi begegnet in den Bergen einem Städter, der das Kind der Berge als seine Idealfrau sucht, Ossi für eine naive Dörflerin hält und heiraten will. Je belangloser der Rollendruck, um so harmloser offenbar auch die Filme; genau wüßten wir das erst, wenn sich eine Kopie des verlorenen Films fände.

Lubitsch entwickelte einen filmischen Stil, der auf die Berliner Possen paßte wie ein Handschuh. Sie überdrehen eine bürgerliche Welt in Rituale und Slapstick. Siegmund Lachmann in «Der Stolz der Firma» stolpert über eine Leiter, zerschlägt das Schaufenster, wird gefeuert, will sich umbringen, geht statt dessen nach Berlin. Sally und Moritz fallen über Treppen, Leitern oder Schachtelstapel, Moritz jagen die Dorfköter,

Der Mann von Welt ist eine Frau – Curt Goetz
und Ossi Oswalda in «Ich möchte kein Mann sein»

sich im Bürgernest: große Suppenschüsseln und ein gewaltiges Elternbett
mit Plumeau und gedrechseltem Aufbau, Korsett und Kaiserbart, eine
Mamme, die ihr Jüngelchen gegen das Leid der Welt mit guter jüdischer
Küche stopft.

Das ist der Stil der Karikatur, des «Simplicissimus», und so ist es auch
gefilmt: drastisch, graphisch-klar, scharfe Linien, logische und schnörkel-
lose Geschichten, helles gleichmäßiges Licht, noch fast ohne gezielte
Spots. Die Kamera blickt auf Menschen und Gegenstände, Groß- und
Detailaufnahmen schärfen nur den normalen Blick: Jemand zieht den
Schuh aus, der durchlöcherte Socken erscheint groß; Schuhe werden vor-
geführt, dann erscheinen sie alle noch einmal in Großaufnahme.

Jede Sequenz stellt eine Handlung klar ins Zentrum. Räumlichkeit
wird nicht durch Beleuchtung, sondern durch architektonische Gliede-
rung erzeugt: Straßen und Alleen führen in die Tiefe, Tapetenmuster, Pa-
neele, Regale oder Möbel gliedern die Leinwand so perspektivisch, wie
es Maler der Renaissance taten. Tische und Stuhlreihen, Treppen und
Teppiche und immer wieder Fenster und Vorhänge teilen Spielflächen ab,

sorgen für Vorder- und Hintergrund. Kaum je sieht man einen neutralen Hintergrund, der in den späteren Melodramen dominiert. Die Kamera hat eine Person, eine Handlung oder ein Objekt im Visier und registriert wie ein interessierter Beobachter. Die Schnitte beschränken sich auf das Nötige, fast nie wechselt die Erzählperspektive beim Schnitt.

Wie sich das für Possen gehört, laden uns die Personen nicht ein, mit ihnen zu empfinden. Ihre Gefühle sind austauschbar, sie selber typisiert als Chefs, Lehrer, Eltern, Schüler. Wo Lubitsch später neben der Außensicht auch das verborgene Leben einer Figur ahnen läßt, da kommentiert er jetzt nur die Handlung auf einer kabarettistischen Ebene. Der Film erzählt das Geschehen – fast völlig ohne Zwischentitel. Lubitsch mag keine Unterbrechungen und keine Redundanz. Titel nutzt er, um das Geschehen witzig zu pointieren. «Ich wette, du hast die Zeit verschlafen!» sagt der Lehrer zu Sally, und der antwortet: «Die Wette haben Sie gewonnen, Herr Lehrer.» Untertitel relativieren lakonisch das grotesk-übertriebene Spiel: «Sally schmust»; oder eine scheinbar gefühlvolle Liebesszene: «Wozu teilen? Werden Sie meine Frau, dann bleibt's in der Familie.» Die Helden, trockenen Witzes, sind nicht zu beeindrucken: «‹Sally, steh auf, du mußt in die Schule!› – ‹Ich komme noch früh genug zu spät!›» Oder Siegmund: «Großartige Wohnung! Jedes Zimmer im Stile eines anderen Louis.» Sie selber hauen aufs Blech: «Junger Mann von blendendem Äußeren, der in einem ersten Schuhwarenhaus in leitender Stellung war, sucht gleichartige Stellung. Nur erstklassige Firmen wollen sich melden; anderes Papierkorb.» Manchmal wenden sich die Figuren direkt an den Zuschauer, kommentieren witzig, was ihnen geschieht. Keine Brechtsche Verfremdung, sondern die des Volkstheaters, der Couplets an der Rampe. Lubitschs Zeichensprache ist von einer seltenen analytischen Klarheit, die dem Zuschauer das Gefühl des souveränen, intelligenten Dialogs vermittelt. Immer liebte er die direkte Wendung ans Publikum, die es im Film eigentlich nicht gibt. Sally Pinkus grinst uns beifallheischend an, wenn er die Schuhnummer ausradiert und eine kleinere draufschreibt, um die Kundin zu ködern. Noch in *That Lady in Ermine* wollte Lubitsch die Gräfin augenzwinkernd erklären lassen, was sich im Zelt des Eroberers wirklich abgespielt hatte. Otto Preminger hat das nicht begriffen und zum Kummer von Lubitschs Sekretärin Steffi Tröndle gestrichen.

Ein Talent explodiert, 1918–1922

Lubitsch entwickelt seine Themen und seine Mittel

Der Kaiser ging, die Demokraten kamen, Berlin wurde zum Geheimtip der Avantgarde. «Paris hat man zur Stadt erklärt, in der die Roaring Twenties entstanden sind. Die Kenner aber, die mit dem raffiniertesten Geschmack im Vergnügen kamen nach Berlin, um hier die Nächte durchzufeiern und die Tage zu verschlafen. Wenn es dunkel wurde, funkelte die Stadt von tausend Lichtern, sprach mit tausend Zungen, wenn der Morgen graute, beschien die Sonne das Elend und Berlin sprach nur mit der Stimme der Armut.»[44] Dann fuhr die Negri im Morgengrauen ins Studio. Sie wurde nervös, als bei der *Carmen*-Premiere in den Projektionsräumen der Ufa die Schießereien auf der Straße die Filmmusik übertönten. Lubitsch beruhigte sie: «Pst! *Man kann ohnehin nichts machen, schau dir den Film an!* Jeder wartete mit seinem Champagnerglas, bis es auf der Straße wieder ruhig war.»[45] Solche Zeiten gaben Lubitsch recht, wenn er das starke Individuum feierte, anarchisch, sinnenfroh und dem Tode nahe. Das war das Berlin, das er jeden Tag und jede Nacht erlebte. Auch für ihn gerieten die Dinge in Bewegung. In den Filmen von 1918 bis 1922 geht es zwar immer noch um Rollen und Rituale, um Zwänge und starke, rebellische Individuen, aber seine Figuren beginnen mit ihnen zu spielen. Sally war, der er war. Die Töchter von Kohlhiesel oder Ossi, die kein Mann sein will, probieren aus, wer sie sein könnten. Immer noch sind es Rollen und Typen, keine Individualitäten, aber sie haben eine Wahl. Auch der Alltag schlüpft in Rollen, stellt sie spielerisch zur Disposition: Surreale Welten der Räuber, Millionäre, Bauern, verarmten Prinzen, Puppenmacher bilden die Welt der s u r r e a l e n S a t i r e n. Dagegen zitieren die H i s t o r i e n historische Regelwerke von Alltagswelten, die einschnüren, festlegen, nicht straflos zu sprengen sind. Die Zeitgenossen sahen darin historische Detailgenauigkeit – oft zu Unrecht –, sahen Einstellungen

31

wie alte Bilder komponiert und in *Anna Boleyn* von massiven Rahmenblenden umschlossen. Diese Rahmenblenden gibt es auch in den surrealen Satiren, aber dort sind es kindliche Scherenschnitte, Tropfen, Pflanzen, Kringeln, mit denen *Die Bergkatze* spielt, keine getriebenen Medaillons für die Ahnengalerie. Mißt man die Historien an den Phantasieräumen der Melodramen und Surrealkomödien, kann man nicht glauben, daß Lubitsch historische Genauigkeit wollte, eher genau definierte Alltagswelten, deren Zwänge die Handlung vorantreiben.

Denn auch die Zwänge ändern sich, die seine Rollenspiele in Bewegung setzen. Der soziale Aufstieg der Kaiserzeit interessiert Lubitsch nur noch als Nebenthema, ins Zentrum rückt der Kampf zwischen Mann und Frau um ihre Geschlechterrollen. Dabei liebt er die Extreme. Frauen werden männlich oder kindlich, Männer monströs oder feminin, und er sorgt für gleiche Voraussetzungen. Er bevorzugt starke, reiche Frauen, Kurtisanen, Herrscherinnen, Außenseiterinnen, Frauen von unverkrampfter Sinnlichkeit, wieselflink wie die Negri oder die Oswalda. Die Rollenpalette der Männer reicht vom Schwächling bis zum Tyrannen, vom österreichischen Dandy, Hermann Thimigs biedermeierlichem Jüngling in *Die Puppe,* seinem Muttersöhnchen in *Die Flamme* über Harry Liedtkes labile Hysteriker und Schmierenkomödianten, augenrollend, Arme schlagend, Gefühle zelebrierend – und egoman. Nicht selten gibt Lubitsch den Männern einen Stich ins Homosexuelle: Curt Goetz als Hauslehrer von Ossi, die kein Mann sein möchte, Chanterelle, Prinz Nucki. Lubitsch hat diesen Typ aus dem Berlin der zwanziger Jahre nach Hollywood mitgenommen, und kein Zensor kam je auf die Idee, Edward Everett Hortons Rollen dafür zu kritisieren.

Erst jetzt, da seine Figuren sich entscheiden können, findet er auch zu seiner spezifischen Mischung von Witz und Tragik, die seine Komödien so unverwechselbar macht. «Die Tragikomödie des deutschen Alltags war unser Metier, sie fand ihren Niederschlag in den Filmen, die wir drehten. [...] Er verfolgte seine satirische Linie, bis die Zuschauer sich vor Lachen nicht mehr halten konnten, und dann schlug er kurz und gezielt zu mit einer Entwicklung ins Tragische, bis sich die Leute wunderten, was sie denn eigentlich so komisch gefunden hatten. Er kümmerte sich um die Satire, ich um das andere. Es war die Grundlage unserer glücklichen Zusammenarbeit und einer der Gründe, warum wir nie erfolglos waren.»[46] Seine engsten Mitarbeiter begriffen das nicht. Kräly war entsetzt: «Lubitsch war mit seinen Lustspielen so erfolgreich gewesen, daß mir die Idee gar nicht gefiel. Aber Paul Davidson sagte: ‹Sehen Sie mich nicht so an. Er kann es! Ich weiß es!› Ich sollte bald feststellen, daß ich mich getäuscht hatte. Das Drama, das Lubitsch drehen sollte, war *Die Augen der Mumie Mâ* mit Emil Jannings und Pola Negri. Es sollte sich als das erste Filmdrama erweisen, das von der deutschen Presse ernst genommen wurde. Dann folgten in rascher Folge Filme wie *Die Puppe, Die Bergkatze,*

Kohlhiesels Töchter, Rausch, Carmen, Sumurun, Madame Dubarry, Anna Boleyn, Die Flamme, Das Weib des Pharao und andere.»[47] Natürlich nutzte Lubitsch den Geschlechterkampf als potentiell tragisches Element: Die Satiren führen ihn sanft-surreal zum Happy-End in Sahnebergen, in einem skurrilen Kloster, im Palais eines Kapitalisten, in der Stube eines Puppenmachers, in Alpendörfern mit debilen Sepplbauern. In *Die Austernprinzessin, Die Puppe* oder *Die Bergkatze* hemmt nichts mehr die freie Entfaltung der anarchischen Helden; mit Phantasie, Geld und unwiderstehlicher Erotik schaffen sie sich eine Welt mit eigenen Gesetzen. In *Carmen, Madame Dubarry, Anna Boleyn* entwickelte sich ein tödliches Drama trocken und witzig aus dem scharf beleuchteten, starren Alltag der Protagonisten. Es ist ebenso komisch wie tragisch, daß diese Durchschnittsmenschen mit ihren alltäglichen Obsessionen historische Entwicklungen auslösen, die sie gar nicht interessieren.

Surreale Satiren

Um 1918 beginnt Lubitsch mit der Wirklichkeit zu spielen. Das hatte schon Wedekind in den «Lulu»-Dramen und «Frühlings Erwachen» getan: Tote reden mit dem Kopf unterm Arm, ein vermummter Mann verkörpert «das Leben», der Penner Schigolch, die Dirne Lulu besitzen mythische Qualitäten.

Kohlhiesels Töchter und *Romeo und Julia im Schnee* sind Fingerübungen für dieses Spiel mit Rollen und Realitäten, das 1918 einsetzt. Von Shakespeares Drama «Der Widerspenstigen Zähmung» bleiben in *Kohlhiesels Töchter* nur Struktur und Atmosphäre der Farce erhalten. Lubitsch besetzt die beiden ungleichen Schwestern mit derselben Schauspielerin; Shakespeares Rivalität um die Liebe des Vaters und der Männer verkürzt er auf zwei Rollen, die derselben Frau Bewunderung oder Verachtung und damit Sieg oder Niederlage im Machtkampf der Geschlechter eintragen. Lubitsch reduziert die romantischen Wortgefechte Shakespeares auf ein Spiel von Fressen oder Gefressenwerden, das gerade noch erträglich bleibt, weil man als Happy-End akzeptiert, was das Opfer glücklich macht.

In *Romeo und Julia im Schnee* kennen zwei sich nicht und wissen doch, daß sie zusammenpassen. Diese starken Kinder können sich gar nicht vergiften, sie schlafen nur besoffen und wohlbehalten nebeneinander im Stroh. Dann folgen Meisterwerke, die Lubitsch so nie wieder versucht hat. *Ich möchte kein Mann sein, Die Austernprinzessin, Die Puppe* und *Die Bergkatze* erzählen die Geschichten von exzentrisch-starken Frauen und ihren Männern, die sich nebenbei auch gleich die Welt so inszenieren, wie es ihnen – und Lubitsch – gefällt.

Ossi sagt, ICH MÖCHTE KEIN MANN SEIN, und wehrt sich gegen das Korsett, das ihr die Frauenrolle verpaßt. Papa ist, recht vergnügt, in Geschäften unterwegs. Der wilhelminische Hausdrache kapituliert vor Ossis Energie und ruft den Hauslehrer zu Hilfe: Curt Goetz, bereits ein großer Komiker mit einem undefinierbaren Hauch von Roué, verordnet Hausarrest und will sie «soo klein» kriegen. Ohne Ossi im Frack des Lebemanns zu erkennen, begleitet er sie durch das Berliner Nachtleben. Man säuft und raucht gemeinsam; aber man schläft getrennt, und so erwacht jeder im Bett des anderen – und weiß Bescheid. Jetzt, wo sie ihn «soo klein» gekriegt hat, will Ossi als Frau geliebt werden. Männerrollen, Frauenrollen, ein bißchen lesbische Tänzchen im Frack, ein bißchen homosexuelle Neigung zum «Kumpel», dem man keine Gockelpose vorspielen muß; die kindliche Energie des Mädchens, das entschlossen ist, jeden Spaß kennenzulernen. Vor ihrer Vitalität, ihrem unersättlich neugierigen Appetit schrumpfen die Posen der Männer. DIE AUSTERNPRINZESSIN, 1919, hat alles, ihre männlichen Privilegien und ihre weiblichen Wünsche werden vom reichen Austernkönig gerne erfüllt. Er kauft ihr den mittellosen Prinzen, wie man im Orient eine Frau kauft. Geld macht ihn gelassen: «Das beeindruckt mich gar nicht.» Und dann muß sich Ossi ihren Gockel doch im Damenboxkampf erstreiten. Lubitsch mag emanzipierte Walküren, die den Mann ins Lotterbett tragen. Betty Grable, die *Dame im Hermelin,* schwebt mit Douglas Fairbanks jr. auf den Armen sogar die Treppen hoch. Alle Rollen sind umgedreht, nur eine Waffe bleibt dem Mann: daß er nicht kann, wenn er nicht will, was die Hochzeitsnacht etwas verzögert. Seine erste Komödie mit einem klaren, eigenen Stil, nannte Lubitsch diese *Austernprinzessin* und erinnerte sich *an eine kurze Szene, die damals viel diskutiert wurde. Ein armer Mann mußte in der glanzvollen Empfangshalle eines Multimillionärs warten. Der Parkettboden hatte ein hochkompliziertes Muster. Nachdem er Stunden gewartet hatte, begann der arme Mann das Muster abzugehen, um seine Ungeduld und seine Demütigung zu vergessen.*[48] Dieses Stadtpalais, in dem man den Hausherrn mit einem Lageplan suchen muß, kubistisch-kühl, von irrealen Musical-Dimensionen, Räume wie Startrampen, bevölkern Tippfräulein, Diener, Vasen, Charleston-Tänzer, Friseure, Ehekandidaten, und alle gleich zu Dutzenden, eine surreale Welt. Keine Traumwelt, eher die reale Utopie exzentrisch-selbstsicherer Menschen.

In *Die Puppe* trieb er es auf die Spitze. *Wie* DIE AUSTERNPRINZESSIN *war sie in jeder Hinsicht ein Erfolg, wenn auch in einem ganz anderen Stil gedreht. Es war pure Phantasie; die meisten Kulissen waren nur aus Pappe, manche sogar aus Papier. Bis heute halte ich diesen Film für einen der einfallsreichsten, die ich je gedreht habe.*[49] Die Papierkulissen stellt er am Anfang des Films diabolisch grinsend selber auf, dann zieht er Vorhänge, Blenden, wirft Einfälle auf die Leinwand wie Konfetti. Lancelot de Chanterelle, ein sanfter Sonderling, soll heiraten, aber vor der Parade heiratsfähiger Töchter der Provinz flüchtet er ins Kloster. Die Brüder freuen sich auf seine Mitgift und bessere Kost und raten ihm, eine Puppe zu heiraten. Beim Puppenmacher Hilarius verliebt sich Lancelot in die «Puppe» Ossi, die seine Ängste bald handgreiflich kuriert. Der Mann ist eine Frau, sogar mit Mitgift, und die Frau eine Maschine, die der Film lebendig macht, wie er eine Welt aus Papier zaubert.

Lubitschs Filmwelten – Utopien: eine Fifth Avenue in Berlin, ein Puppentheater aus Papier und zuletzt die Baiser-Berge, in denen Pola, DIE BERGKATZE, ihre Räuber als Schoßhündchen hält, eine quietschende Bande, die ihr auf dem Hosenboden entgegenschlittert. Nach zwei dekadenten Aristokraten nahm Lubitsch hier die Soldaten ins Visier. *Der Film war ein vollständiger Fehlschlag, und doch besaß dieser Film mehr Einfallsreichtum und satirischen Bildwitz als viele meiner anderen Filme. Aber er kam kurz nach Kriegsende in die Kinos, und die deutschen Zuschauer waren noch nicht in der Stimmung, einen Film zu akzeptieren, der Krieg und Militarismus zum Gegenstand der Satire machte.*[50] Pola kommandiert ihre Räuber – und die Offiziere, wenn sie Lust hat. Einer kutschiert gerade zu Hans Dreiers sahneweißer Zitadelle, wo schon des Kommandanten Töchterlein und die imposante Kommandantin auf ihn lauern. Zwei Hexen in einer barocken Patisserie, baiser-verschnörkelt, mit runden Lebkuchentoren und Zinnen aus Tortenspitzen. Aber fürs erste zieht die Bergkatze dem jungen Herrn die Hose aus, pinnt sie an die Zeltwand und sein Foto zwischen die Hosenbeine. Sie läßt ihn ungern ziehen, folgt ihm aufs Schloß, stellt es gründlich auf den Kopf, verwirrt den Kommandanten und trollt sich wieder, überläßt den mageren Hering doch lieber der höheren Tochter. Die Rituale von Macht und Erotik lösen sich auf in Kinderspiele. Hier vervielfacht sich die Welt nicht, sie ist einfach Leinwand, zweidimensional, die Handlung im Schnee ein dekorativer Scherenschnitt. Räume verlieren ihre Tiefe, erscheinen als Linien und geometrische Muster, die Menschen verschwistern sich mit dem Dekor von Türen, Fenstern, mit Möbeln, verschwinden in den Riesenkringeln von Betten, Sesseln, Treppen und Kachelöfen, der Kommandant will sogar die gerundeten Wände hochlaufen. Die Kamera zerschneidet die Welt in Kreise, Scheiben und Bänder. Einmal schließt sich die Kreisblende um den gefangenen Alexis, Räuber rutschen auf schmalen Streifenblenden durchs Bild; Ellipsen, Amöben und Tropfen wiederholen sich als Rahmenblenden; Gesichter tauchen aus Lochblenden oder hinter Zakkenblenden auf, Gewehr im Anschlag. Rikscha schießt, trinkt zwischendurch ihren Kaffee. «Servus», sagt Alexis und wippt mit dem Federbusch über ihrem Felsen. Schnitt, und schon grüßt er aus der Schlucht: «Das Mädel hat Schmiß.» Alexis küßt Rikschas Hand, sie reibt sie ab, küßt seine, rachsüchtig: «Wie du mir, so ich dir!» Siegesfeier für Alexis. «Ihm verdanken wir diesen herrlichen Sieg. Als Dank empfangen Sie die Hand meiner Tochter.» – «Das kann ich ja gar nicht verlangen.» – «Doch, das können Sie verlangen.» – «Da kann man halt nix machen.»

Wenn die Soldaten feiern, explodiert die Leinwand in Arabesken von Weiß und Schwarz, weiße Tschinellen platzen aufeinander, der Dirigent hopst im Takt, eine Husarenkapelle auf glitzerndem Eis: «Jetzt seid's fesch, bittschön!» Alle Männer spielen Spiele, die Welt ist ein Film. «Wo hast du denn die ganze Zeit gesteckt? – Ich war im Kientopp.» Es ist der Film eines Neunundzwanzigjährigen, der seine erotischen Phantasien auf die Füße und die Welt auf den Kopf stellt.

Historien und Melodramen

Aus der Periode meiner historischen Filme und Kostümfilme waren, würde ich sagen, die drei hervorragenden «Carmen», «Madame Dubarry» und «Anna Boleyn». Meiner Meinung nach bestand die Bedeutung dieser Filme darin, daß sie sich vollständig unterschieden von der damals sehr gängigen italienischen Schule, die der Großen Oper verwandt war. Ich versuchte, meine Filme zu ent-opern und meine historischen Gestalten zu vermenschlichen – die intimen Nuancen nahm ich ebenso wichtig wie die Massenbewegungen und versuchte, beide zu mischen.[51] Die Historien sind viel weniger aufregend als die surrealen Filme, aber sie brachten Lubitsch nach Hollywood. Lubitsch steckte seine erotischen Rollenspiele in historische Kostüme und inszenierte sie in authentischen Räumen, deren Reichtum und Echtheit man in jenen Hungerjahren bewunderte. Aber das traf am ehesten auf *Anna Boleyn* zu, weniger auf *Madame Dubarry*, wo Louis XV. unter Weihnachtstannen im Potsdamer Park Blindekuh spielt, und gar nicht auf *Carmen,* deren Soldaten aus dem k. u. k. Operettenfundus kostümiert sind. Aus dem élan vital wurde nun Stimmung, Laune, Trieb, Impression. Carmen ist die Bergkatze in Operetten-Spanien; den feschen Alexis, der «sein Bestes tut», dem einige hundert Bastarde und verlassene Mütter nachtrauern, hat sie für den tranigen Don José eingetauscht, und das geht nicht gut. Pola spielt bei Lubitsch in diesen Jahren fast immer Wedekinds Lulu – ein unzähmbares, genußfähiges Wesen, das sich weder ändern kann noch will. Privat geht das Lubitsch auf die Nerven, Davidson muß sie ihm für *Die Augen der Mumie Mâ* geradezu aufzwingen, aber er schreibt für sie die richtigen Rollen. «Sie hat etwas Wildes, Barbarisches. Vielleicht wäre primitiv das richtige Wort. Natürlich kultiviert durch Erziehung und Umgang, aber gefährlich, wenn sie losgelassen.»[52]

Die schnell und billig produzierte *Carmen* wirkt wie eine Vorstudie zur Madame Dubarry. Das ist eigentlich ein Schnitzler-Stück im Louis Quinze: das süße Mädel, der Student und die besseren Herren. Wie in

«Anatol» geht es um eine Typologie menschlicher Launen, Stimmungen und erotischer Muster; nur machen diese Launen – zufällig – Weltpolitik. Ein hysterischer Poseur wie Armand bringt seine Welt zum Einsturz; Schnitzler dramatisierte eine ganz ähnliche Geschichte in «Der junge Medardus». Jeanne unterdrückt keine Laune, keine Lust. Ob Schäferstündchen oder Ärger mit der Chefin, sie lebt dem Zufall. Armand ist nicht anders. Er verflucht ihre Untreue und freut sich selber auf ein «blind date», er beschimpft den König, der ihm «sein Liebstes weggenommen» habe, aber Louis ist erst sein dritter Nachfolger. Zufällig ersticht Armand den Gesandten, zufällig findet Graf Dubarry an Jeanne Gefallen, zufällig sieht sie der König im Park, zufällig findet der Höfling sie bei Graf Dubarry wieder. Für manche Zufälle sorgen die Intriganten, sie sind die einzigen, die wissen, was sie wollen. Aber Lubitsch ist härter als Schnitzler, er blickt voraus und nicht zurück. Liedtke ist kein empfindsamer Décadent einer alten Zivilisation; Kurt Pinthus nannte ihn eine «Berlin-West-Type», einen Piefke also, einen Proletarier. Aus dem vitalen Anarchisten der Gründerzeit, der einen Heiratsantrag noch mit einer Geschäftsgründung verband, ist ein Weichling geworden, der auf seinen Stimmungen in die Revolution und den Tod schlittert. Und Louis le Bienaimé wird bei Jannings ein Berliner Direktor auf Kur, der mit dem Stubenmädchen schäkert.

ANNA BOLEYN verstärkt noch den kleinbürgerlich-monströsen Eindruck dieser Launemenschen. Jannings als Heinrich VIII. zeichnet das Bild eines psychischen Verfalls, einen Tudor-Göring, keinen freundlichen Lüstling. Hemmungslosigkeit ist keine Kraft mehr wie bei Sally Pinkus. Die geschlossenen Räume, die erdrückenden Rahmenblenden, die einschnürenden Kostüme und Lubitschs Kamera vermitteln die Enge, die sich diese Figuren geschaffen haben. Schnitzler schrieb eine Pantomime, «Der Schleier der Pierrette», so stumm wie Lubitschs Dubarry und im gleichen Kostüm. Es zeigt Pierrots und Pierrettes Mysterium von Liebe und Tod. Lubitschs Liebespaare dagegen spielen mit Stimmungen und kippen in die Hysterie; Sinnlichkeit ohne Kultur wird zur Spießeridylle. Siegfried Kracauer hielt Lubitsch seinen Nihilismus vor. «Diese Filme stempelten die Geschichte als sinnlos ab. Geschichte, so schienen sie zu behaupten, ist der Tummelplatz blinder und wilder Triebe, das Werk teuflischer Machenschaften, die unsere Hoffnungen auf Freiheit und Glück immer wieder vereiteln.»[53] Ja – und es war eine hellsichtige Vorwegnahme dessen, was wenig später über Deutschland hereinbrach, und leider Lubitsch Recht gab, nicht Pinthus.

Zwischendurch aalt sich Lubitsch in Ägypten, in der Stimmungssauna der MELODRAMEN: drei Etüden in impressionistischer Stimmungskunst, die seine filmischen Finessen beträchtlich erweiterten. Ihre tänzerische Linie löst die groteske Expressivität ab. Die Optik wird ornamentaler, schlanker, der Jugendstil kündigt sich an, in *Sumurun* mit seinen odaliskenhaften Mädchenfrauen ebenso wie in den rätselvoll-morbiden Frauen in *Das Weib des Pharao* und in DIE AUGEN DER MUMIE MÂ. Sie überzeugten Lubitsch von Pola Negri. Pola leiht ihre schönen Augen einer Mumie, ein Horrorgag, mit dem Radu, ein ägyptischer Tempelhüter (Emil Jannings), die Touristen erschreckt. Ein Berliner Maler (Harry Liedtke) kommt ihm auf die Schliche und holt sich das schöne Souvenir in seine Berliner Villa; doch Radu folgt ihnen, bei seinem Anblick stürzt Pola rücklings die Treppe hinab, Radu erdolcht sich: Finita la commedia. Pola strahlt eine animalische Magie aus, vor der Liedtke zur Käthe-Kruse-Puppe und Jannings zum Schachterlteufel schrumpfen.

SUMURUN war *ein spielerisch-phantastisches Stück, nach der Inszenierung von Max Reinhardt. Es war erfolgreich, doch nicht in dem Maße wie die […] zuvor erwähnten Filme.*[54] Lubitsch spielte den buckligen Gaukler, der an seiner unerhörten Liebe zu Pola Negri stirbt. Die Restauration der Originalfassung brachte eine erotische Trivialphantasie der Jahrhundertwende zum Vorschein. Ein finsterer Scheich (Paul Wegener), ein Harem, eine biegsame Lieblingsfrau, die nach dem rundlichen Kaufmann mit den weit aufgerissenen Augen (Harry Liedtke) schmachtet und aus Versehen fast wegen eines anderen unters Richtbeil gerät. Pola läßt sich mit dem Scheich verkuppeln und flirtet schon am Morgen danach mit dem Sohn. Der Alte will sie töten, Liedtke geht dazwischen, der Bucklige erschlägt den Scheich, um ihn zu retten, und stirbt selber. Lubitsch spielt: «Lache, Bajazzo!», Rigoletto und Augenrollen des Glöckners von Notre Dame. Das Ganze ist ein exotisches Gusto-Stückerl, ein filmisches Pendant zu den nackten Elfen überm Vertiko.

DAS WEIB DES PHARAO zeigte pathetische Schwarz-Weiß-Kontraste, gerahmte Gesichter und Mimik in Großaufnahme, Theaterkulissen, hohe dunkle Hallen, Throne, Treppenfluchten, Säulenhallen, Phantasieräume, wie das Innere einer Pyramide, alles im Gegen-, Ober- oder Seitenlicht, raffinierte Lichteffekte à la Reinhardt, Spots auf die Darsteller. Die Hintergründe bleiben oft dunkel, die Gesichter werden wie bei alten Meistern gehöht, durch Spots herausgehoben. Die Außenbauten sind gewaltig, ein Vorgriff auf Fritz Langs «Die Nibelungen»: Weite Plätze füllen sich rasch mit choreographierten Massen und leeren sich ebenso schnell. Zurück bleiben eine Frau, ein Kind – allein. Viel Nacht, Fackeln, Kunstlicht, dampfende Fassaden im Gegenlicht. Dem seelenvollen Schaugepränge fehlt nur noch die Musik von Richard Strauss zur Oper.

Wahrscheinlich hat sich Lubitsch bei seinen Großfilmen gar nicht am italienischen Monumentalfilm orientiert, sondern an Max Reinhardts phantastisch-historischen Spektakeln, etwa dem «König Ödipus», in Hofmannsthals sensibler Übersetzung vor 5000 Zuschauern im Zirkus Schumann. Wie Reinhardt erholte Lubitsch sich jedenfalls von der großen Schau beim Kammerspiel, suchte «feinere und stillere Stücke mit seelischen Inhalten oder graziöse Spiele des heiteren Geistes und Witzes, von

Lubitsch verfilmt «Sumurun» und spielt selbst den Buckligen, 1920

vorzüglichen Schauspielern mit allen Verfeinerungen der Intimität»[55].
Für Lubitsch wie für Reinhardt bedeuteten diese Stücke optisch und inhaltlich eine Auseinandersetzung mit dem Impressionismus, die beide
zuletzt zum psychologisch-subtilen Salonstück, zur Gesellschaftskomödie in der Art von Hofmannsthal, Molnár oder Schnitzler führte. Beide
verließen dazu Berlin: Max Reinhardt ging 1921 nach Wien, in die Stadt
der Sezession und des literarischen Impressionismus. Lubitsch drehte die
Komödien des europäischen Salons, von denen Hofmannsthal glaubte,
daß man sie nach dem verlorenen Krieg brauche, nicht in Tempelhof, sondern in Hollywood, und folgte Hofmannsthal auch darin, daß er nun begann, Tiefe an der Oberfläche zu verstecken.

Impressionismus, Jugendstil, Art nouveau sind ungenaue Annäherun-
gen an eine Qualität, die das zeitgenössische Publikum vor allem meinte,
wenn es Lubitsch und Reinhardt verglich. Das war zunächst Atmosphäri-
sches, das «Rembrandt-Licht», der flüchtige Eindruck eines Gesichts, das
Fackeln oder Spots aus dem Dunkel heraushoben; das waren die flutenden Menschenmassen, die wie ein reizbares großes Tier sich aufbäumten,
zuckten, drohten oder sich verkrochen. Von individueller Psychologie
kann auch bei Lubitschs Statisten keine Rede sein – eher das Gegenteil:
Gemeinsam werden Arme hochgerissen und gesenkt, Fäuste geballt oder
Hüte geschwenkt. Noch im *Student Prince* zieht Lubitsch witzige Wirkun-
gen aus Hunderten von Menschen, die wie ein einziger reagieren. Die Sta-
tistenmassen verschmelzen, verkörpern Emotionen pur und verstärken
sie durch ihre Zahl.

Inhaltlich hat Lubitsch dabei ganz unterschiedliche Aspekte des Impressionismus verwirklicht. In den Historien geht es fast ausschließlich
um die Labilität der Figuren, die sich von ihren Launen und Eindrücken
treiben lassen. In den Melodramen aber verbindet sich gründerzeitlicher
Prunk mit malerisch-sinnlichen Reizen des Bildes und schwülen Sexualphantasien: zu gleichen Teilen Makart, Klimt und Sacher-Masoch.

Schon in Berlin aber interessierte sich Lubitsch offenbar mehr für die
modernen Seiten der impressionistischen Stimmungskunst: die flirren-
den Eindrücke des Bewußtseinsstroms, die genaue Beobachtung des Alltags, die Analyse komplexer psychologischer Prozesse. Er will den impressionistischen Kammerspielfilm, und seine amerikanischen Eindrücke
von 1921 bestärkten ihn. Ein erhaltenes Fragment von *Die Flamme* läßt
ahnen, wie nahe er schon in Berlin an seine amerikanischen Stummfilme
herankam. In ihnen hat er diese Ansätze aufgegriffen und zu den Meisterwerken der zwanziger Jahre entwickelt.

Der Übergang zum Kammerspiel des Jugendstils

Vielleicht in *Rausch*, sicher in *Die Flamme*, ist Lubitsch bereits auf dem Weg zum sensiblen impressionistischen Drama, das malerische Reize der Kamera, subtile Beobachtung des Alltags mit der Psychologie und Dramaturgie Schnitzlers verband. Rein optisch sind diese Filme ein Schritt von der üppigen Reizfülle der Melodramen zu Kammerspielen voll Anmut, Schlichtheit, blumenhafter Grazie. Amerikaner bezeichnen diese Optik als «filmischen Jugendstil». *Als Gegengewicht zu den Historienschinken ein paar kleine Kammerspiele,* meinte Lubitsch. *Beide Filme waren sehr erfolgreich.*[56] Erhalten ist ein Fragment aus *Die Flamme*. Die kurze Szene aus einem Wiener Melodram, das er nach Paris verlegte, ist von dunkel opalisierender Schönheit und wehmütig schlechtem Ausgang. Pinthus sprach von vielen kleinen Genreszenen, «aber im Milieu, in Stimmung, Belichtung so zärtlich-liebevoll und geschmackvoll, von anmutigster Bewegung erfüllt, kupferstichartig herausgearbeitet [...] nur noch stimmungsbewegtes Bild und sichtbar gewordene Menschlichkeit»[57]. Hier, so meinte Pinthus, hätte Lubitschs Weg weiterführen können, wenn er nicht nach Amerika gegangen wäre; er ist ihn jedoch weitergegangen und rühmte in den USA Chaplins «A Woman of Paris», weil sie seiner *Flamme* in Stil und Sujet verblüffend ähnlich war.

Asta Nielsen und Carl Meinhardt
in Lubitschs Strindberg-Verfilmung «Rausch»

Hollywood zur Stummfilmzeit

Lubitsch begegnet Hollywood
und Miss Pickford

Im Dezember 1921 kam Lubitsch mit seinem Produzenten Davidson als Gast der Hamilton Theatrical Corporation nach New York. Er war Ehrengast der New Yorker Premiere von David Griffiths «Orphans of the Storm», Erich von Stroheims «Foolish Wives» und seines eigenen *The Loves of the Pharao* (*Das Weib des Pharao*), den Paramount gekauft hatte. Premiere war am 3. März 1922, früher als in Berlin. Schon am 12. Dezember hatte *Madame Dubarry* als *Passion* in New York Premiere; die «New York Times» rühmte[58] die leichte Hand des «offenbaren Teutonen Lubitsch», dessen Inkognito man noch rechtzeitig gelüftet hatte. Sie wunderte sich auch, daß von der üblichen Deutschfeindlichkeit, mit der beispielsweise die Oper zu kämpfen hatte, bei den Filmzuschauern nichts zu spüren war. Lubitsch war der einzige Deutsche, von dem fünf Filme mit Erfolg in amerikanischen Kinos liefen. *Passion* wurde als italienischer Historienfilm angekündigt, aber die Presse ließ sich nicht täuschen; es folgten 1921 *Deception* (*Anna Boleyn*), *Gypsy Blood* (*Carmen*) und *One Arabian Night* (*Sumurun*). Man lobte das Bühnenbild, die grandiosen Massenszenen und die zahlreichen Neuerungen in Bildkomposition und Schnitt. Der deutsche Film hatte Konjunktur. «Und wenn Sie diesen Film nicht gut finden, klebe ich mir einen Bart an und sage, daß er aus Deutschland kommt, und dann werden Sie behaupten, daß er Kunst sei!»[59]

Im Juni 1922 war Lubitsch wieder in Berlin, drehte *Die Flamme* und heiratete die Frau, die bei ihm lebte. Helene (Leni) Krause, einmal Witwe, einmal geschieden, mit zwei kleinen Buben vom ersten Mann, hatte er auf der Hochzeit von Georg Jacoby kennengelernt. «Jacoby gab ein großes Fest in den Studios, wo er gerade filmte, und sie saß neben Lubitsch, ging mit ihm nach Hause und nie wieder weg. Die Haushälterin rümpfte die Nase, weil sie keinen ganzen Strumpf hatte, aber Ernst lachte nur. Und dann nahm er sie halt mit. Er hat sie zu meiner Mutter geschickt. Aber was konnte sie sagen – er hätte doch getan, was er wollte.»[60] Andrew Marton, Lubitschs Cutter, sah Leni in Hollywood und fand sie einfach «the sexiest girl in town»; aber Lubitsch habe sie schon in Berlin gern Freunden «anvertraut», um ungestört zu arbeiten. Das ging nur einige Jahre gut – am 23. Juni 1930 kam es zur Scheidung, «weil jeder Mann so eine Situation nur eine Zeitlang ertragen kann; und weil ihm die Arbeit wichtiger war als jede Blondine»[61]. Lubitsch hatte auch Lenis zwei Buben aus ihrer früheren Ehe nach Amerika geholt und ausbilden lassen. Später gingen sie nach Deutschland zurück, weil sie «nicht bei einem Juden leben wollten». Die Eltern von Leni zogen in Lubitschs große Berliner Wohnung zu seinem Vater und kümmerten sich um Simon. Ein Haus, das Lubitsch sich in der Nähe der Ufa-Studios gebaut hatte, war gerade fertiggeworden, als er nach Hollywood ging. Er hat es nie bezogen.[62]

Am 2. Dezember 1922 schiffte er sich mit einem kleinen Team in Bremerhaven ein: mit dem dänischen Bühnenbildner Sven Gade, seinem Assistenten Erich Locke und Heinrich Blanke als persönlichem Sekretär. Sein Vater, der im August 70 Jahre alt geworden war, stand am Pier und weinte fast bei dem Gedanken, daß sein Sohn zu Indianern, Berglöwen und Klapperschlangen aufbrach. Mary Pickford hatte ihn engagiert, mit ihr die elisabethanische Kostümromanze «Dorothy Vernon of Vernon Hall» zu drehen, und er machte Ersatzvorschläge, «Faust» etwa, mit Mary als Gretchen und Douglas Fairbanks als *dem besten Mephisto* der Welt. Marys Mutter ließ sich die Handlung erzählen. *«She has a bebby, and she's not married, so she stringles (= strangles) the bebby.* Mother said, ‹What! What was that?› *Well, Marguerite is not married, she has a bebby, so she stringles it.* ‹Not my daughter!› said my mother, outraged. ‹No, sir!› So I didn't make Faust.»[63] Und genau das war das Problem: Mit 30 Jahren war Mary zwar Mrs. Douglas Fairbanks, aber immer noch die engelhafte Kindfrau in rührend-viktorianischen Geschichten wie aus den Anfängen des Stummfilms. Lubitsch sollte ihr ins «Erwachsenenfach» hinüberhelfen; überdies steckte sie mitten in der schwierigen Aufbauphase der United Artists, die sie zusammen mit Chaplin, Griffith und Fairbanks gegründet hatte. Sie brauchte den Erfolg genauso wie Lubitsch und akzeptierte schließlich seinen Ersatzvorschlag, *Rosita.* «Sein zynischer Witz, seine Doppeldeutigkeit und Anzüglichkeit kollidierten mit ihrer bewußt gradlinigen und ganz unkomplizierten Haltung. Sie zog den Schluß, daß er unfähig sei, mit Frauen zu arbeiten, was ganz und gar nicht zutraf. Tatsächlich war er nur ein ebenso großer Diktator wie Miss Pickford selber und konnte die Demütigung fast nicht ertragen, sich der Kontrolle einer Frau zu unterwerfen.»[64] Vielleicht steckte noch mehr hinter dem Ärger, den Mary zeitlebens nicht vergaß. Sie sollte eine emanzipierte Straßensängerin spielen, eine Art Carmen, während die Originalbesetzung, Pola Negri, gerade den gleichen Stoff bei Lubitschs alter Firma, Famous

Lubitsch unterzeichnet den Vertrag mit Mary Pickford – mißtrauisch beäugt von Mama Pickford: «Not my daughter! No, sir!»

Players-Lasky in einer anderen Fassung drehte. Ein seltsamer Zufall, wenn nicht mehr. Mary stellte ihm ein Ultimatum. «Hören Sie: ich bin die letzte Instanz. Ich finanziere den Film, ich bin der Star, mich kennt das Publikum. Ich will Sie nicht in Verlegenheit bringen; ich werde nichts sagen vor dem Filmteam. Was ich Ihnen zu sagen habe, werde ich Ihnen so sagen wie jetzt. Ich habe Sie nicht zu mir gebeten, ich bin in Ihr Büro gekommen. Aber Sie haben nicht das letzte Wort. Das ist definitiv, Mr. Lubitsch.» Daraufhin habe Lubitsch sich die Knöpfe abgerissen und Papiere zerfetzt, aber er fügte sich. Die Dreharbeiten wurden dennoch ganz lustig, auf seine Kosten. Er gab Anweisungen, wie diese: *Dis is de scene vere Miss Pickford goes mit der beckside to ze altar!*, was etwa zu übersetzen wäre mit: *In dieser Szene geht Miss Pickford mit dem Hintern an den Altar.* Und dann wird Don Diego scheinbar exekutiert, und Rosita wirft sich verzweifelt über ihn. Lubitsch spielte ihr das vor: *You say, Don Diego, anschver me! Anschver me!* Mary imitierte Lubitsch so exakt, daß die Leiche – George Walsh – in konvulsische Zuckungen geriet: «...und ich fiel über ihn und wir lachten, bis uns die Tränen kamen. Armer Mr. Lubitsch.» Mary zog *Rosita* aus dem Verkehr: «Ich werde nicht zulassen, daß ein bestimmter Film gezeigt wird: *Rosita*. Oh, ich habe diesen Film verab-

45

Ernst und Leni Lubitsch auf dem Studiogelände, Hollywood 1929

Lubitsch am Set von «Rosita»: Er mustert eine Hauptdarstellerin und alle anderen mustern ihn

Es knistert zwischen Mary Pickford und Lubitsch

scheut! und seinen Regisseur, Ernst Lubitsch, genauso wie er mich. [...] Ich habe seine späteren Filme nie gesehen, weil meine Erinnerungen an *Rosita* so erbärmlich waren. Er hat sich sehr wichtig gemacht, wie alle kleinen Männer das tun.»[65] Aber schon am 12. Oktober 1924 besuchte sie seine Premiere von *Three Women* – der Berliner «Kinematograph» beschrieb ihre Toilette. *Rosita* war der letzte jener unbekümmerten Beutezüge durch Oper und Drama, den Lubitsch und Kräly unternahmen. «Tosca», «Carmen», Victor Hugos Esmeralda aus «Notre Dame» standen Pate, der Berliner Kritiker entdeckte noch «Emilia Galotti», «Don Juan» und «Romeo und Julia»: «Es war einmal ein Fürst, der [...] hob die Moral, indem er versuchte, nähere Beziehungen zu Rosita, der Straßensängerin, anzuknüpfen. Die Polizei, die die Absichten des Königs nicht kannte, steckte das Kind des Volkes in das Gefängnis und gleichzeitig Don Diego, der zur Befreiung Rositas einen Polizeioffizier erstochen hatte. Der König ließ die Zierde Sevillas aber bald zu sich ins Palais kommen. [...] Man wollte sie am Tage der Hinrichtung mit dem Grafen Diego verheiraten. Der feierliche Akt, um den sich übrigens in Deutschland die Zensur sehr eingehend kümmerte, geht programmäßig vor sich. Dann kommt das große Erkennen, das schon einmal Stoff zu einer überaus zugkräftigen Operette gewesen ist, und nun befehlen abwechselnd der Fürst, die Fürstin, Rosita und ein höherer Hofbeamter die wirkliche oder die scheinbare Hinrichtung. Schließlich glauben alle, der edle Don sei wirklich tot. Aber gerade, als Rosita den Fürsten, der sein Wort gebrochen, erstechen will, erhebt sich der Tote, und alle vier liegen sich liebend in den Armen, nämlich der Don und Rosita, der Fürst und die Fürstin.»[66] Tatsächlich ist *Rosita* ein technisch besserer Film als *Carmen* und die Pickford gar kein so übler Ersatz für die Negri. Im übrigen spielte der Film 900 000 Dollar ein.

Charlie Chaplin und Douglas Fairbanks tun etwas für die Stimmung von Mary Pickford und Ernst Lubitsch bei den Dreharbeiten von «Rosita»

Hollywood und Berlin

In einem Offenen Brief an den Verleger Karl Wolffsohn – und mit offenen Worten – verglich Lubitsch die Studios in Hollywood und Berlin. Ins Geschäft müsse man mit den großen Konzernen kommen, aber *natürlich wird diese Verbindung nicht so leicht sein, denn die einzig wichtige Frage ist die: gefallen die deutschen Filme in Amerika oder gefallen sie nicht.* Das sei nicht mehr der Fall. *Die deutsche Filmindustrie verdankt ihre großen Erfolge dem Kostümfilm. Nachdem der italienische Spektakelfilm seine Anziehungskraft verloren hatte, wagte sich niemand mehr an historische Aufgaben heran. In diesem Moment hatte die deutsche Filmindustrie den Mut, von neuem an die Herstellung historischer Filme auf menschlicher Grundlage heranzugehen. Sie hat mit dieser neuen Art des Kostümfilms seinerzeit die Welt überrascht und so auch Amerika.* Doch *das amerikanische Publikum ist momentan gegen die Kostümfilme.* Und Lubitsch erwähnt beiläufig einen Produzenten, der gerade beim Verleih eines neuen Kostümfilms seinen Star, einen der *größten Kassenmagneten Amerikas,* in moderner Kleidung vorstelle, um das Publikum nicht zu vertreiben. Das konnte nur Douglas Fairbanks sein, der 1921 «Robin Hood» und 1923 «The Three Musketeers» und «The Thief of Bagdad» gedreht hatte. Die Ufa habe keine attraktiven Darsteller aufgebaut. *Der deutsche Gesellschaftsfilm braucht mehr Eleganz […] ein mehr selbstverständliches, selbstsicheres Auftreten im Salon. […] Der moderne Gesellschaftsfilm ist nun einmal in der Welt der große Trumpf und wird es vorläufig wohl auch bleiben.*[67] Asta Nielsen und Pola Negri seien die einzigen internationalen Stars. (Den Amerikanern nannte er auch den Grund dafür: Bei ihnen gebe es keinen Dünkel der Schauspieler gegenüber den Statisten; wer gut sei, könne aus der Komparserie aufsteigen und sei stolz darauf.[68]) Er rühmte die hochentwickelte Trickfotografie, was teure Dekorationen und Bauten erspare, überhaupt die Sparsamkeit und – als Preuße in Kalifornien! – die Arbeitsdisziplin der amerikanischen Studios. Ein Gesellschaftsfilm werde in sechs bis acht Wochen hergestellt, ein Durchschnittsfilm schon in vier bis fünf Wochen. *Es bedarf keiner besonderen Einladung, um sämtliche Schauspieler in Kostüm und Maske früh morgens pünktlich zur Stelle zu haben. Fünf Uhr nachmittags ist der früheste Schluß der Aufnahme. Es wird aber meistens bis 6 oder 7 gearbeitet. Nachtaufnahmen, auch selbst bei Innendekorationen, sind keine Seltenheit. Ich habe bei Rosita selbst von abends 7 bis zum anderen Morgen um 8 Uhr gearbeitet. Ich möchte also eher der Ansicht zuneigen, daß in Amerika mehr gerechnet und schärfer kalkuliert wird als in Deutschland.* Im ganzen überlegen seien *die erstklassige Ausführung im Technischen, der Einfall im Detail und die darstellerischen Persönlichkeiten und Typen, die der amerikanische Film zu versenden hat.*[69]

Nicht die kleinste, billigste Einakterfabrik zieht hier ins Freie, ohne ihre vollkommene Ausrüstung mit Blenden, Spiegeln und Gazen usw. Inzwischen halte er *die unendlich vielen Nuancierungen und kleinen Sorgfältigkeiten bei der Beleuchtung* keineswegs mehr für *Kokolores*, wie noch am ersten Tag.[70]

Dieser Beleuchtungstechnik verdankten seine Stummfilme von 1923 bis 1929 ihren impressionistischen Zauber, ihr Jugendstilflair. Harry Fischbeck hatte ein komplexes System von Spotlights entwickelt, das er zu nutzen lernte. «Er erzielt seine Effekte von Highlights und Schatten durch Spots, die er benutzt, wie ein Maler seine Pinsel und Farben auf der Leinwand. Jedes Bild soll im Prinzip aussehen wie ein Gemälde, die Darsteller sollen sich in starkem Relief abheben.»[71] Charles Roshers glasklare Bilder, die malerische Lebendigkeit seiner Lichtführung bei *Rosita* war in Berlin ebenso undenkbar wie die Eleganz der Dekoration und der Darsteller. Im übrigen entdeckten die Amerikaner das D r e h b u c h als eigene Kunst. Ein bekannter Schriftsteller konnte 15 000 bis 50 000 Dollar an einer Story verdienen, die Talentsucher der Studios kauften in Europa systematisch auf, was verwendbar schien. Dann aber setzte man Spezialisten daran, die in standardisierter Studioroutine eine Idee bis zur Drehvorlage entwickelten. Die Synopse hielt den Umriß der Handlung auf wenigen Seiten fest; das längere Treatment erzählte sie aus einer bestimmten Perspektive, die Continuity fixierte Ablauf und Dialoge. Im Shooting oder Working Script des Regisseurs standen die detaillierten Anweisungen zum Drehen, und die kamen von erfahrenen Szenaristen mit filmtechnischem Fachwissen, wie June Mathis, Gardner Sullivan, Anita Loos oder Frances Marion. Rasch entstanden Teams mit Spezialisten für Gags, Dialog und Handlungsführung.

Anfänge in Hollywood

Auch die Amerikaner bündelten, wie die Ufa, ihre finanziellen Kräfte in großen S t u d i o s.

1914 produzierten sie schon die Hälfte der Filme des Weltmarkts, nach dem Krieg stiegen die Kosten und der Druck der europäischen Konkurrenz. Man kaufte sich ein – auch in der Ufa – oder holte die besten Leute nach Hollywood, wie Lubitsch. Man standardisierte Technik, Vorführbedingungen, Sicherheitsvorschriften und Qualitätsnormen. Lubitschs Studios wurden United Artists, Warner Brothers und Paramount, MGM und zuletzt 20th Century-Fox. Adolph Zukor, der Boss von Paramount, war charakteristisch für die eigenartigen Pioniere der Filmindustrie. Mit fünfzehn Jahren aus Ungarn eingewandert, Pelzhändler, Filmproduzent mit Marcus Loew, gründete er eine eigene Produktionsfirma – Famous Players in Famous Plays –, um seriöse Filmkunst mit bekannten Schauspielern zu produzieren. Sarah Bernhardt wies ihn ab, Mary Pickford konnte er verpflichten. 1916 fusionierte er zu Famous Players-Lasky, erwarb die Aktienmajorität von Paramount und faßte Produktion und Verleih zusammen. Cecil B. DeMille, sein Starregisseur, entdeckte Hollywood und das Studio zog nach Kalifornien. Zukor verlieh Lubitschs deutsche Filme in den USA, hatte über einen Mittelsmann schon früh Kontakte zu Davidson und besaß Anteile an Davidsons EFA (Europäische Film-Allianz). Zukor kaufte die amerikanischen Rechte an *Madame Dubarry* und, 1921, die beiden Stars Pola Negri und Emil Jannings und Lubitsch gleich dazu. Er unterstützte Davidsons neue Firma EFA bei ihrem nächsten Film *Das Weib des Pharao*. Für *Rosita* wurde Lubitsch aus einem bis Ende 1923 laufenden Vertrag mit Famous Players-Lasky ausgeliehen. Lubitsch besuchte Amerika, drehte dann mit der Negri *Die Flamme* in Berlin und kam am 2. Dezember 1922 nach Hollywood zurück, um bei *Rosita* Regie zu führen. Danach trennte man sich enttäuscht, der auslaufende Vertrag wurde nicht erneuert. Ein Angebot der Warner Brothers ersparte es Lubitsch, nach Berlin zurückzukehren, weil ihn in Hollywood keiner mehr wollte.

Bei Warner Brothers war er nach dem Hund Rin-Tin-Tin der einzige Star und konnte seine Bedingungen diktieren: absolute Kontrolle über die von ihm gedrehten Filme, auch über den Schnitt, eigener Arbeitsstab, freie Wahl der Stoffe und die hohe Gage von 60 000 Dollar pro Filmregie sowie einen Anteil an den Einspielergebnissen. Nach Mary Pickford sollte ihm niemand mehr diktieren dürfen. Von Anfang an gab es Spannungen, weil seine Filme nicht den erhofften Gewinn brachten: «Zu subtiler Humor, zu langsam in der Handlung und ganz allgemein viel zu hoch über dem Horizont unseres Kinopublikums für populäre Unterhaltung.»[72]

Lubitsch wehrte sich, verlangte Großfilme in einem Telegramm von 1926: *Daß ich die letzten drei Jahre weder die Mittel noch die Möglichkeit hatte, große Filme zu machen, war für mich sehr unglücklich, und Sie haben es nur sich selber zuzuschreiben, daß meine Fähigkeiten so vergeudet werden*[73], und setzte zwei Tage später nach: *Sie haben immer geklagt, daß Sie mit meinen Filmen kein Geschäft machen können und auch mein Honorar bleibt sicher weit unter dem, was ich anderswo bekommen kann. Ich habe große Zweifel, was Ihre Pläne für größere Filme anlangt.*[74] Zuerst lieh man Lubitsch aus an Paramount für Großfilme wie *Forbidden Paradise, Eternal Love* und *The Patriot*, dann schloß er 1928 einen mehrjährigen Kontrakt mit Paramount, die ihn ihrerseits für *The Student Prince in Old Heidelberg* und *The Merry Widow* an MGM auslieh. Ein überwältigender Kassenerfolg wurde keines dieser «big pictures». Alle Studios machten die gleiche Erfahrung. Lubitsch plante und arbeitete diszipliniert, verschwendete keinen Dollar, produzierte Meisterwerke, war gut fürs Prestige, weniger für die Bilanzen. Und es ist nachgerade rührend, wie die Studiobosse, hartgesottene Aufsteiger aus einfachsten

Verhältnissen und philiströse Geldkratzer, Respekt, ja Ehrfurcht zeigten vor seinem künstlerischen Genius.

Mehr denn je schrieb er seine eigenen Bücher. *Ich arbeite immer von Anfang an mit dem Szenaristen, und dabei entwickle ich genau die Vorstellung, wie ich den Film inszenieren werde. Wenn das Drehbuch fertig ist, weiß ich genau, was ich brauche. Die Qualität des Drehbuchs ist wichtig, da es für die Regie entscheidend ist. Bevor man zu drehen beginnt, muß man wissen, was man in jeder Szene zu tun hat. Einige Szenen werden nicht nach dem Ablauf des Drehbuchs, sondern nach anderen Erfordernissen aufgenommen. Man kann bei der letzten Szene beginnen und dann in die Mitte des Drehbuchs springen. Wie soll man das, wenn man nicht vorher jedes Detail der Regie ausgearbeitet hat? Dann versuche ich, wo immer möglich, Untertitel zu vermeiden. Ich möchte, daß sich die Handlung soweit als irgend möglich selber erklärt und keine Titel die Spannung unterbrechen, die so oft durch eingefügte Titel zerstört wird. Für ein realistisches modernes Drama brauchen wir gesprochene Titel, aber selbst diese sollten wie alltägliche Konversation wirken, nicht wie ein literarischer Dialog. Das ideale Manuskript hätte gar keinen Titel, aber das wird es nicht heute oder morgen, vielleicht in einigen Jahren oder viel später geben. Mit Filmen, wie sie heute produziert werden, hat das nichts zu tun. Unsere Titel orientieren sich am Dialog der Bühne oder des Romans. Später einmal werden wir einen Filmstil entwickeln. [...] Die größten Probleme habe ich im Augenblick damit, eine Geschichte zu finden. Das ist immer ein Problem, es ist viel schwerer, eine Geschichte zu finden, als Regie zu führen. [...] Ich glaube, daß man in Zukunft Geschichten direkt für den Film schreiben wird. Mir ist es lieber, wenn jemand, der den Film und seine Dramaturgie kennt, ein Originaldrehbuch schreibt.*[75]

Die Jahre bis 1934 führten ihn auf den Höhepunkt seiner Kunst, erst während des Kriegs entstand noch einmal eine vergleichbare Fülle von Meisterwerken. Er arbeitete mit Schauspielern, die sich von ihm formen ließen und probte ausgiebig. «Lubitsch glaubt nicht an das Ein-Star-System; er erzielt weit bessere Resultate mit einer Auswahl ausgezeichneter, bewährter Schauspieler, die über Stil und Erfahrung verfügen.»[76]

R. W. Mills geht noch weiter. «Seine Darsteller für *The Marriage Circle* wählte er aus weniger bekannten Schauspielern Hollywoods. Marie Prevost war ein Sennett-Badegirl gewesen, Monte Blue hatte zahllose Rothäute und kleine Rollen gespielt, Adolphe Menjou gerade den Schurken in Chaplins ‹A Woman of Paris›, Florence Vidor und Creighton Hale waren Vertragsspieler mit einer kleinen Fangemeinde.»[77] Lubitsch schuf Stars – aber einen Oscar für eine Lubitsch-Rolle hat keiner gewonnen. Zu deutlich trug ihre Leistung seinen Stempel.

Stumme Sittenkomödien für Erwachsene, 1924–1926

Lubitschs Sittenkomödien: Jungwien und DeMille, Stroheim, Chaplin

Lubitsch verdankte seinen Berliner Erfolg auch der Tatsache, daß er sein Publikum kannte und richtig einschätzte. Amerika war eine neue Welt für ihn, doch bei seinem kurzen Besuch 1921/22 registrierte er sehr genau, welche Filme in die Richtung wiesen, für die er sich selber entschieden hatte: das filmische Kammerspiel.

Was Lubitsch wollte, lag zwischen Schnitzler und Hofmannsthal: das impressionistische Gesellschaftsstück, wie man es in Wien und Budapest gerade schrieb, wie er es in seinen Berliner Kammerspielfilmen schon entdeckt hatte. Mit Hofmannsthal verbanden ihn nicht nur das Ideal der Leichtigkeit, sondern auch seine Bildpoesie, mit Schnitzler der Salon und das erotische Thema. An die Stelle von Schwulst und exotischen Sexualphantasien traten subtile Schlichtheit und ein genau beobachteter Alltag. Er hätte wie Hofmannsthal seine Sittenkomödien präsentieren können als «das erreichte Soziale, die Komödien» oder, genauer, als «die Komödie der Worte, der Gebärden und der sozialen Handlungen, die großen und kleinen Szenen, mit denen man einander in der Liebschaft wie im Salon oder in der Politik aufwartet»[78]. Das bedeutete alltägliche Geschichten, keine Phantastik, einen andeutenden, leisen Darstellungsstil und ganz andere Bilder. *«The Marriage Circle» ist ein sehr intimes Drama.* [...] *Noch nie kam ich dem alltäglichen Leben so nah wie in diesem Film. Er erzählt ein ernsthaftes Eheproblem – leichthin, wenn Sie wollen, aber realistisch, nicht übertrieben.* [...] *Wir wollten Realismus und die Spieler sollten so handeln, wie sie es auch als Privatpersonen im gleichen Falle täten. Im Leben ist man nicht theatralisch. Ich habe mich bemüht, das zu vermeiden.*[79] Schon in Berlin ließ er wissen, «er will dann Geschichten aus dem modernen amerikanischen Leben verfilmen, doch sind seine Pläne dafür noch vage»[80]. Das moderne amerikanische Leben interessier-

«The Marriage Circle»: Ehemann und Verführerin auf der Gartenterrasse
(Florence Vidor, Monte Blue)

te ihn aber nicht, dafür um so mehr der österreichisch-ungarische, seltener der englische und französische Salon. Sitten- und Gesellschaftskomödien kannte man in Frankreich und Großbritannien und im deutschen Süden, besonders in Österreich, wo die Operette diese Stücke dann vertonte und vertanzte. Die führenden Autoren waren Hofmannsthal, Schnitzler, Hermann Bahr, Franz Molnár, und sie fanden viele Nachahmer. In diesen «comedies of manners» der Jahrhundertwende ging es um gesellschaftliche Rollen und Rituale, um Sitten und Sexualität, aber auch um persönliche Entfaltung. Dies, nicht hometown America, wurde sein Thema, wie die Amerikaner durchaus bemerkten – etwa am *Marriage Circle*: «Eine brillante Komödienfarce ehelicher Verwicklungen, die zeigt, daß die Leinwand auf dem besten Wege ist, sich zur ernsthaften Konkurrenz für das Beste von Schnitzler und eine ganze Schule einschlägiger französischer Dramatiker zu entwickeln.»[81] Das Thema war für Lubitsch nicht neu – neu bei ihm ist seine seelische Dimension. Eine Dubarry handelte, wie es ihrer Natur entsprach, ein Don José, ein Heinrich Tudor, eine Anna Boleyn ließen sich von ihren Launen und Begierden treiben. Ansprüche der Gesellschaft wurden als Zwänge ignoriert oder beiseite gefegt. In den Melodramen wurde, wenn nötig, mit Wollust gelitten. Jetzt aber zeigte Lubitsch innere Widersprüche, entdeckte die Psyche seiner Figuren, die Diskrepanz innerer und äußerer Abläufe.

Wie bei Schnitzler sind seine Psychogramme aus dem Salon Streifzüge ins Unbewußte, Halb-Bewußte, eine Entlarvung der kleinen Lügen und Manöver, die den Alltag unserer Beziehungen ausmachen. Der amerikanische Kritiker dachte an Freuds libidinöse Symbole, wenn Pauline Frederick in *Three Women* mit der Krawatte des jungen Liebhabers spielt und der Mann sie wieder ordnet; eigentlich sagt sie: «Zieh dich aus!» und er: «Ich will nicht.»[82] Aber tiefenpsychologisch sind diese Psychogramme noch nicht, nur sehr genau in ihrer Beobachtung von Nuancen des Alltags. Dort wo der Mensch sich unbewußt verrät, setzte auch der Sprachzweifel des literarischen Jugendstils ein: Kann Sprache diese Schwingungen der Seele ausdrücken, ohne sie benennend zu verändern? Hofmannsthal hat seinen Sprachzweifel im berühmten Chandos-Brief formuliert, Herbert Ihering wiederholte ihn in seiner Kritik zum *Marriage Circle*: «Wie überlebt das alte Konversationsstück auf der Bühne ist. Was sich mit Worten nicht mehr ausdrücken läßt, weil die Situation abgebraucht, der Salonton rissig geworden ist, die Schauspielkunst zu anderen Aufgaben drängt, im Film findet es seine neue Ausdrucksform. Ironien, die gesprochen unerträglich wären, gewinnen im Spiel des Antlitzes, der Gebärde neuen Wert. Das Requisitenspiel, das auf dem Theater zufällig wurde, enthüllt hier menschliche Beziehungen. Eine Rose fällt zufällig herunter, wird von dem dritten aufgenommen, ein Bukett vom Manne fallen gelassen, und die Reaktion der Frau darauf enthüllt die Beziehungen. Tischkarten werden umgelegt, und ein Mißverständnis keimt auf. Ein Shawl fliegt fort – und das Mißverständnis vergrößert sich. Eine Vielfalt von Schattierungen, neue Spiegelungen, neue Abwandlungen.»[83] Wo Worte lügen, Gesten, Träume, Dinge sprechen, da schlägt die Stunde der Bilder – und des Stummfilms. Lubitsch gelang beides: Er entwickelte die Themen des literarischen Jugendstils und eine Bildersprache, die den kühnsten Forderungen der Sprachskeptiker gerecht wurde. Lubitschs amerikanische Stummfilme sind eigentlich die perfektesten Dramen, die der literarische Jugendstil Mitteleuropas hervorgebracht hat, und es wäre an der Zeit, Lubitsch neben Hermann Bahr, Hugo von Hofmannsthal und Arthur Schnitzler zu stellen. Doch hätte er solche Bezüge selber je zugegeben, wäre er wohl die längste Zeit bei einem amerikanischen Studio (und vielleicht auch bei Davidson) unter Vertrag gewesen. So war es bezeichnend, daß er sich filmtechnisch und nicht mit Iherings (literarischen) Argumenten verteidigte, als ihm Asta Nielsen öffentlich vorhielt, er habe Strindbergs Dialog in *Rausch* nicht respektiert. Lubitsch antwortete, *daß der eigentliche Strindberg gar nicht zu verfilmen ist! Strindbergs Kunst liegt im Gedanklichen, die Kunst des Films im Optischen! Gedankliche Probleme lassen sich nicht verfilmen!* [...] *Doch ich kann mir vorstellen, wie Sie sich die Übertragung solcher Probleme auf den Film denken, nämlich in hochliterarischen Titeln, die Sie dann sprechen, minutenlang, stundenlang, 120 Meter lang, wie Sie mir selbst versicherten. Ich finde das entsetzlich und muß Ihnen ferner sagen, daß meiner Meinung nach dieser Darstellungsstil an der eigentlichen Filmdarstellung vorbeigeht!*[84] Vor allem ging er an dem vorbei, was Lubitsch wollte – der natürlich Gedanken filmisch ausdrückte, wenn er mochte, und vermutlich überzeugt war, daß er es besser tat als Strindberg oder später besser als Oscar Wilde oder Noël Coward. Aber Lubitschs Zweifel an der Sprache saß tief und er hat ihn nie abgelegt – er wollte nie daran glauben, daß Menschen aussprechen, was sie zutiefst bewegt.

Die Amerikaner aber kümmerten sich nicht um europäische Sprachskepsis; sie waren hingerissen von Lubitschs an Zauberei grenzendem Vermögen, alles filmisch auszudrücken und auf Untertitel weitgehend zu verzichten. «Mr. Lubitschs Film kommt mit einem Minimum von Untertiteln aus und dennoch ist seine Handlung immer klar verständlich, weil die Schauspieler sehr deutlich sind, und manchmal glaubt man sogar ihre Worte von ihren Lippen ablesen zu können. In einem Spielfilm von normaler Länge finden sich durchschnittlich 100 bis 150 Untertitel und manchmal sogar 250. In *Three Women* braucht Lubitsch 42 Titel und 90 Prozent davon werden als Dialog gesprochen, nur der Rest dient dem Kommentar und dem Ablauf, wo es zu aufwendig wäre, dies im Film durch Handlung oder Allegorie auszudrücken. Herr Lubitsch hatte 54 Untertitel in *The Marriage Circle*, und er bemüht sich immer um Handlung statt Titel.»[85] In Amerika machte er damit Schule. «Seine erste amerikanische Komödie, *The Marriage Circle*, bewies bereits, daß rein filmische Mittel – Schnitt, Nahaufnahme, Kamerabewegung – viel visuellen Witz zu entzünden vermochten, den ‹Lubitsch-Touch›. Nachfolger wie Mal St. Clair, Monta Bell und Harry D'Arrast verbreiteten den neuen Stil als eigene Form der anspruchsvollen Stummfilmkomödie, die sich von literarischen Vorbildern am Broadway ebenso unterschied wie von den Schnurren der großen Charakterclowns.»[86]

Bis heute hat niemand bemerkt, daß Lubitsch mit dieser Technik dann umging, als schriebe er seine Filme in einem Wiener Kaffeehaus, als holte er sich seine Bilder und Kameraeinstellungen aus den Vernissagen der Sezession.

Seine Metaphorik verlor alles Groteske, wurde filigran, weichgezeichnet. Lange, träumerische Einstellungen wechselten mit raschen, intelligent-kommentierenden Schnittfolgen. Der Schnitt selber wurde unauffällig, schnörkellos effizient. Elegantes Understatement war die Devise. Lubitsch begann nun auch, ganz ähnlich wie Hofmannsthal, Tiefe an der Oberfläche zu verstecken, Diskretion zu üben. Die Kamera sieht nur den Widerschein des Denkens, der Gefühle, der Handlungen, die Leinwand bleibt leer, wenn Entscheidendes geschieht. Die Dinge spiegeln Ideen, seine Bilder poetisieren den Alltag, weil sie das Eigentliche uneigentlich erzählen. Er erzählte mit einer Natürlichkeit, die er zu zeiten seiner Berliner Experimente und Melodramen schon einmal vergessen hatte. *All dies Geschwätz über Kamerawinkel. Blödsinn. Die Kamera sollte zeigen, was das Auge normalerweise sieht oder sehen könnte. Effekthascherei heißt Tricksen. Einmal wirkt es. Aber beim zweiten Mal sieht man die Schummelei und dann wird es sinnlos.*[87]

Was die Kamera sieht ist vor allem der ornamentale Jugendstil der zwanziger Jahre, klar gegliederte Räume mit dunkel-schimmernden Materialien: poliertem Stein, dunklem Holz, schweren Draperien oder zarten Spitzen. Lüster funkeln, aus Fenstern und Türen fällt Seitenlicht, weiße Gardinen wehen, Spitzen, Rüschen, Perlen, weiße Haut schimmert und immer sind die Gesichter von einer Aureole umgeben, liegt Spitzlicht auf den pomadisierten Köpfen der Herren, dem blonden Gespinst der Damenfrisuren. Es sind geschlossene, etwas melancholische Räume, tief und geheimnisvoll, in denen die Menschen zart und klein erscheinen, zwischen poetischen Großaufnahmen. Draußen flirrt Licht durch Bäume und Blüten, Landschaften, Idyllen, sorgfältig komponierte Bilder.

Zahllose Tricks betonten die Vertikale, überspielten und verschlankten das tatsächliche Format von ca. 1,33:1. Auch die Kostüme bemühten sich um die schmale Silhouette, selbst dort wo es dem historischen Stil widersprach, wie Ali Hubert bei seinen Entwürfen für *Forbidden Paradise* erklärte.

Hohe Taillen, kleine Schleppen, Kopfputz lassen die Menschen noch zierlicher erscheinen. Die romantischen Helden dieser Filme – Monte Blue, Adolphe Menjou, Ronald Colman, André Beranger, Ramón No-

«The Patriot»: etwas melancholische Räume, tief und geheimnisvoll, in denen
die Menschen zart und klein erscheinen

Blumenwiesen in «The Student Prince in Old Heidelberg»

varro – sind kleiner und erheblich graziler, als Lubitschs Berliner Stars oder die Stars der dreißiger Jahre.

Diese Berliner (oder Wiener) Mitgift mußte Lubitsch der amerikanischen Situation anpassen, und vieles spricht dafür, daß er sich dabei tatsächlich an den amerikanischen Filmen orientierte, die er öffentlich lobte. Mary Pickford engagierte ihn für einen Kostümfilm, ein Genre, in das sie und Douglas Fairbanks gerade viel Geld investierten – Lubitsch wiederholte in jedem Interview, daß niemand mehr Kostümfilme sehen wolle und pries dafür Chaplins «The Woman of Paris», der seiner *Flamme* sehr nahe kam[88], sowie DeMilles «Forbidden Fruit» und Stroheims «Foolish Wives», Gesellschaftsfilme europäischen Zuschnitts.

Intelligenz und Atmosphäre sah er bei Chaplin: *Ich finde «A Woman of Paris» ein wunderbares Werk. Es gefällt mir, weil ich mich von einem intelligenten Mann angesprochen fühle, weil dieser Film die Intelligenz des Zuschauers nicht beleidigt und weil seine Handlung und Atmosphäre wunderbar sind.*[89] Lubitsch nannte Chaplin im Interview mit Herbert Howe einen großen Tragöden, was Howe sehr komisch fand. Das Lebensgefühl des Jazz-Age aber, jenen Geist des Aufbruchs und der Rebellion, den er aus Berlin ja kannte, und den Lebensstil der Superreichen, wie ihn F. Scott Fitzgerald beschrieb, fand er bei DeMille. «Die Jazz-Age-Filme, wie sie DeMille repräsentierte, zeigten den Hedonismus einer im Wohlstand schwimmenden Nation und führten neue Moden des Sozialverhaltens und Lebensnormen ein. Man liebte schöne Kleider, Luxus und elegante Manieren.»[90] Cecil B. DeMille kam aus einer New Yorker Literatenfamilie, war ein Mensch der Großstadt, des Theaters und ein Autor wie Lubitsch. Und er hatte den gleichen Riecher: Auch er wechselte nach dem Krieg das Genre, drehte Sitten- statt Kriegs- und Durchhaltefilme, auf denen die Konkurrenz sitzenblieb. DeMille machte den Amerikanern eine zynische Gesellschaftskomödie und die Autoren der europäischen Décadence schmackhaft: Schnitzlers «Anatol», Oscar Wilde, die Wiener Operette. Die Titel seiner Filme von 1919 bis 1924 waren ein Programm: «Male and Female» (1919), «Don't Change Your Husband» (1919), «For Better or Worse» (1919), «Why Change Your Wife?» (1920), «Forbidden Fruit» (1921), «The Affairs of Anatol» (1921), «Saturday Night» (1922), «Manslaughter» (1922), «Fool's Paradise» (1922), «Adam's Rib» (1923). «Typische DeMille-Produktionen waren kühn, glänzend, faszinierend, hochelegant und völlig ohne Herz.»[91] Auch DeMille nahm Schnitzler als Vorbild und verfilmte 1922 «Anatol»; doch aus Schnitzlers Studie über einen neurotischen Dandy des Fin de siècle machte er einen neuenglischen Ehemann, der seine junge Frau (Gloria Swanson) fast aus Versehen immer wieder betrügt. Sie zögert, ob sie ihm vergeben oder mit gleicher Münze heimzahlen soll. «Im Mittelpunkt all dieser Widersprüche und Veränderungen standen die neue amerikanische Frau, die Frauenbilder, die im Film die verschiedenen Erfahrungen des modernen Amerika spiegelten.»[92]

Amerika hatte sein Pendant zum Backfisch der Ossi Oswalda, den kindlichen, sich über alle Konventionen hinwegsetzenden «flapper», wie zum Beispiel Clara Bow, das Jazz-Baby; es gab Damen wie Gloria Swanson, Constance Talmadge und europäische Circen wie Greta Garbo und Pola Negri. Lubitsch verstand Frauen seit jeher als gleichwertige Partnerinnen, er kannte ihre Wünsche, ihre Wut. In seinen amerikanischen Filmen ist selbst ihre Vergangenheit (oder ihre Zukunft als alte Frauen) kein Problem mehr, wenn sie sie nicht selbst dazu machen. Er demonstrierte den amerikanischen Frauen eine Emanzipation, die sie der Europäerin schon zutrauten, eine selbstbewußte, selbstverständliche weibliche Erotik, und damit traf er einen Nerv des amerikanischen Markts. Die «New York Times» fand *Marriage Circle* «viel amüsanter» als Chaplins «Woman of Paris».[93]

Bei Erich von Stroheim, dem gebürtigen Wiener mit dem amerikanischen Paß, «gepriesen, verdammt, zuletzt verbannt, war er doch der am meisten diskutierte und respektierte Regisseur während dieser Jahre», begegnete er Filmen mit höchstem moralischem und künstlerischem Anspruch.[94] Lewis Jacobs nannte sie «Melodramen der Lust» – auf Geld («Greed», 1923, «The Wedding March», 1928), auf Jugend, Liebe und

Ausschweifungen («Blind Husbands», «The Devil's Passkey», 1919, «Foolish Wives», 1922, «The Merry-Go-Round», 1923, und «The Merry Widow», 1925). «Sie verkündeten die Nachkriegsüberzeugung, daß auch verheiratete Frauen ein Recht auf Liebe haben und daß sie nicht zu tadeln sind, wenn ihre Ehemänner sie vernachlässigen und sie anderswo Liebe suchen.»[95] Lubitsch rühmte «Foolish Wives» im Gespräch mit Herbert Howe als Kunstwerk, aber gleichzeitig machte er mit den Händen eine Geste des Zusammenschiebens. Das fand auch Irving Thalberg, der Produzent des Films, und ließ 34 Rollen auf zehn zusammenschneiden. Stroheim war, wie DeMille, ein Meister der visuellen Psychologie. Er zeigte eine Tänzerin durch das Opernglas dreier Männer: Der Krüppel sieht nur ihre schönen Beine, der Lüstling nur ihren Schritt, der Idealist schaut ihr ins Gesicht. Stroheim war ein Moralist, er wollte die Welt in ihrer ganzen Erbärmlichkeit und Grausamkeit entlarven, und eben dies, mehr als seine unprofessionelle Maßlosigkeit, dürfte Thalberg bewogen haben, ihn zu entlassen. Es war Lubitsch eine Lehre – nie hat er sich öffentlich den Anschein eines Moralisten gegeben. Doch er verband die metaphorische Tiefe Stroheims mit DeMilles Salonszenen und sinnlichen Reiz mit Poesie und Intelligenz. Viele Einflüsse, die sich nicht für amerikanische Journalisten eigneten, behielt er für sich, wozu Billy Wilder[96] auch Mauritz Stillers «Erotikon» zählt.

Close-up: «The Marriage Circle»

Den ersten seiner Kammerspielfilme, *The Marriage Circle*, verlegte Lubitsch sinnigerweise vom heimischen Grunewald ins Wien der Sezession. Wie immer behielt er nur die Grundkonstellation der Vorlage, Lothar Schmidts «Nur ein Traum».

Franz und Charlotte Braun (Monte Blue und Florence Vidor) sind jung verliebt und verheiratet. Sie geraten zwischen ein anderes Paar, das sich längst bekämpft und demütigt – Professor und Mizzi Stock (Adolphe Menjou und Marie Prevost). Lubitschs schrulliger «dritter Mann», Charlie Ruggles in einer Edward Everett Horton-Rolle, sitzt auf der Ersatzbank und mischt hoffnungsvoll mit. Die naive Charlotte und die illusionslose Mizzi sind alte Freundinnen, und fatalerweise gefallen ihnen dieselben Männer – jedenfalls flüchtet Dr. Braun aus einem Taxi, das er mit Mizzi teilen mußte. Keiner ahnt, daß man sich gleich bei Charlotte wiedersehen wird. Charlotte, arglos in ihrem Besitzerstolz, setzt Franz und Mizzi beim Dinner nebeneinander; Franz kennt Mizzi besser und tauscht die Tischkarten um. Charlotte wird mißtrauisch, aber auf die falsche Frau, setzt sich trotzig neben einen nicht erhörten Anbeter – und beklagt sich bei Mizzi, die nur zu gern erfährt, wie sturmreif Franz schon ist. Zuletzt liefert Franz in aller Unschuld dem Professor seinen Schei-

dungsgrund, und Charlotte ist von ihren eigenen sündigen Absichten viel
zu sehr schockiert, um Franz nicht zu vergeben. Die Brauns sind noch
einmal davongekommen, die Stocks – endlich – auch. Wie im 18. Jahrhundert spielt das meist an einer eleganten Tafel oder in den Bosketten eines
Gartens, der die Irrungen der Paare ebenso gnädig verbirgt wie im letzten Akt von «Figaros Hochzeit». Lubitsch ersetzt das triviale Geschwätz
der Vorlage durch eine cartesianisch klare Konstruktion. Zwei Welten
und zwei Ehen stehen sich gegenüber: «Der Haushalt von Prof. Stock»
und «Charlotte, die mit Franz eine ideale Ehe führt». Stummer Stellungs-
krieg bei den Stocks, in den Schubladen sauber geordnet nur ihre Wäsche, er findet keinen Socken ohne Löcher. Dafür reckt er bei den Liege-
stützen seine magere Kehrseite triumphierend unter ihre Nase. Die
Brauns rühren sich gegenseitig den Zucker in der Tasse um, als wollten sie
sich streicheln, und dann verschwinden sie erst einmal mit einem Kuß aus
dem Blick der Kamera, nur das Frühstück bleibt unberührt im Bild.

Krieg und Frieden, klare Ausgangspunkte für die Verwirrungen des
Ehekarussells, das Lubitsch in Gang setzt.

Dazu drei Ausschnitte aus dem Drehbuch, als Mizzi Charlotte überra-
schend besucht, die Edvard Griegs Liebeslieder am Klavier spielt.

«B Charlotte sitzt am Klavier, spielt und singt mit verzücktem Ausdruck
INSERT. Noten und Text des Lieds (Griegs: ‹Ich liebe Dich›)

C Mizzi macht eine wegwerfende Handbewegung und sagt plötzlich zu
Charlotte:
TITEL: ‹Vergiß es…›

D Charlotte unterbricht ihren Gesang, erkennt Mizzi, springt mit einem
freudigen Ruf des Erkennens auf und die beiden Freundinnen fallen
sich in die Arme und küssen sich. Mizzi gibt Charlotte die Blumen, die
ihr dankt und sie auf das Klavier legt. Dann überschütten sich die
beiden Frauen mit einem Wasserfall von Fragen.

E Plötzlich, ganz unvermittelt, hört Mizzi auf zu sprechen und betrachtet prüfend Charlottes Kleid, mit dem Flair einer Frau, für die Kleider
alles bedeuten.

F Zuerst ist Charlotte verdutzt über diese plötzliche Verschiebung des
Interesses, aber sie erholt sich von ihrer Überraschung und sagt, erregt
und glücklich:
TITEL: ‹Du kannst dir nicht vorstellen, wie glücklich unsere Ehe ist.›

G Mizzi blickt Charlotte mitleidsvoll an, was diese verlegen macht.
Dann lacht sie sarkastisch und meint, das werde sich bald legen.
[…]

O CLOSE-UP. Charlottes Hände, sie trommelt nervös mit den Fingern.

Plötzlich wird Mizzi aufmerksam, sieht einen schönen Ring an der Hand der anderen … Sie faßt sie, blickt den Ring mit Interesse an und macht eine Bemerkung über seine Schönheit.

P Mizzi und Charlotte. Diese deutet stolz auf den Ring und sagt:
TITEL: ‹Von ihm …›

Q Mizzi hält ihre Hand neben die von Charlotte, und sie trägt einen noch größeren Ring. Sie vergleicht die beiden und sagt:
TITEL: ‹Der meine ist größer … Aber das hat auch nicht geholfen.›»[97]

Die Brüche und Widersprüche werden in wenigen Einstellungen offenkundig: Charlotte liebt ihren Franz, aber Mizzi macht sie verlegen. Mizzi scheint sarkastisch-resigniert, ein großer Ring entschädigt, aber «der hat auch nichts geholfen». Sie sucht – und wenn es der Ehemann der Freundin ist, für den sie sich pudert, wenn er kommt.

Eine zeitgenössische deutsche Kritik, sehr lobend, resümiert: «[…] aber das glückliche Eheband wird nicht zerrissen, und der Herr Professor wird doch die Gattin los, weil der Kompagnon des Nervenarztes sie nehmen wird.»[98] Genau das zeigt Lubitsch nicht – glückliche Ehebande, Frauen als Besitz, selbstherrliche erotische Abenteuer. Er beginnt dort, wo Mizzi verbittert bemerkt, daß Schmuck, Kleider und Lebensstil auch nicht helfen, wenn die Liebe schwindet. Die Personen müssen tun, was sie tun, und wissen sich nicht zu helfen. Mizzi weiß, wie gern ihr Mann ihre Untreue nutzen möchte, um sie loszuwerden, auch sie will ihn zugleich lossein und behalten. Dr. Braun liebt seine Frau und weiß doch, daß er Mizzis Verführungen erliegen wird. Am Ende ahnt sogar Charlotte, wie zerbrechlich Gefühle sind.

Was ist daran komisch? Die Personen benehmen sich zwanghaft, wie es sich in einer Farce gehört, aber sie leiden darunter – und genießen es auch ein wenig. Der Kritiker meinte[99], daß hier ein Regisseur eine Farce ernsthaft spielen lasse, nicht künstlich aufs Tempo drücke oder übertreibe, und gerade deshalb seine Lacher erziele. Lubitsch zeigt Liebeleien und Liebe als Selbsterfahrungstrips, die zu Verrücktheiten, Mordgelüsten und, manchmal, zu einem unsicheren Glück führen. Dieses Spiel in der Arena wird von den Rängen kühl beobachtet von Dienstboten, Detektiven, Gästen und Taxifahrern.

Die Filme

Lubitschs Thema bleibt dieser innere Widerspruch, und sein nächstes Experiment müßte tragisch enden, wenn die Konvention nicht ein Happy-End verlangte. Eine der THREE WOMEN (*Drei Frauen*), Mrs. Wilton – gespielt von Pauline Frederick –, will nicht alt werden und hält sich als

«Three Women»: die Feste und die Liebhaber der besseren Damen:
Pauline Frederick und Lew Cody

Gegenmittel Lamont (Lew Cody), der ihr Geld liebt und ein wenig auch sie; dann aber ihre Tochter verführt und heiratet. Auch ein Gigolo braucht seinen Spaß, und den findet er bei der munteren Marie Prevost, Lubitschs erstem Ersatz für Pola Negri. Sie war die eigentliche Entdeckung des Films. Mrs. Wilton verlangt, daß Lamont ihre Tochter freigibt, doch der erpreßt sie nur mit ihren eigenen Liebesbriefen. Sie erschießt ihn, die Jury hat ein Herz für die beleidigte amerikanische Frau und spricht sie frei, die Tochter aber kriegt endlich den treuen, schüchternen College-Freund. Die Geschichte sei «entschieden europäisch, wenn auch die wichtigsten Szenen in New York spielen. *Three Women*, E. Lubitschs jüngster Film, ist eine der brillantesten Leistungen, die man je auf der Leinwand gesehen hat, gleichrangig mit *The Marriage Circle* und Chaplins ‹A Woman of Paris›.»[100]

Die Kritiken waren brillant, das Geschäft schlecht, wie schon bei *The Marriage Circle*. Die Negri, seine Nachbarin am Beverly Drive, schlug dem deprimierten Lubitsch vor, für Paramount, deren Star sie war, Melchior Lengyels Satire «The Czarina» zu verfilmen. «Ernie war Pragmatiker genug, um zu wissen, daß in Hollywood selbst der größte Kritikererfolg der Welt nichts zählt, wenn der Film nicht auch an der Kinokasse Erfolg hat. Seine charakteristische Überschwenglichkeit war einer de-

«Forbidden Paradise»: die Zarin, ihr Leutnant und eine der prunkvollen Palasttüren (Pola Negri, Rod La Rocque)

pressiven, freudlosen Stimmung gewichen, wenn er seine Aussichten in Amerika betrachtete.»[101] Warner Bros. liehen Lubitsch an Paramount aus, «und die Kombination Negri–Lubitsch triumphierte erneut. *Forbidden Paradise* wurde als meisterlich, stilvoll und als mein bester amerikanischer Film begrüßt. Aber es freute mich besonders, daß er Ernies Ruf als Regisseur subtil-gewagter Komödien wiederherstellte.»[102] Selbst wenn die Memoiren der Negri die Vergangenheit gelegentlich verfälschen, FORBIDDEN PARADISE war eine Rückkehr zu alten Zeiten. Pola Negri spielte die Hure und die große Dame in diesem ungarisch-russischen Edelkitsch, den Lajos Biró, Melchior Lengyel, Agnes Johnston, Kräly und Lubitsch gemeinsam angerührt hatten.

Die Zarin liebt die Macht – auf dem Thron und im Bett, und das zwingt ihre Umgebung zu komplizierten Rollenspielen, brillant inszeniert von ihrem Kanzler (Adolphe Menjou). Perücken, Sottisen und Attentatspläne kassiert er im Vorzimmer. Nur ein Leutnant von der Grenztruppe (Rod La Rocque) dringt zur Zarin vor mit einer Warnung, die sie nicht braucht, und bleibt, weil er ihr gefällt. In den Wäldern mißbilligt man halt die Weiberherrschaft, säuft und plant die Revolte – das war schon immer so. Doch dann findet der Leutnant seine staatsmännischen Erlasse im Papierkorb und tritt an die Spitze der Unzufriedenen: Der meuternde General greift zum Degen, der Kanzler zum Scheck und die Rebellion ist vorbei. Der Leutnant will lieber ein seriöser Verräter als ein Gigolo sein und besteht auf seinem Todesurteil. Doch die Zarin hängt keinen Ex-Liebhaber, sie verheiratet ihn nur mit der Kammerfrau Anna, der er entlaufen war, und hält sich an den spanischen Botschafter.

R. W. Mills nennt den Film eine kaum verhüllte Karikatur auf Hollywood, Paul Rotha «eine Satire, so subtil und schlau, daß viele Amerikaner bis heute (1930) den Stachel nicht sehen. [...] Lubitsch, auf der Höhe der Inspiration, hat diese Farce zu einer Satire auf die ganze Filmbranche gemacht. [...] Die Liebeslaunen der Königin, die feurig-revolutionären Umtriebe, die ein kleiner Scheck beruhigt, die delikaten Umschwünge der Hofintrigen, brachte er zu satirischer Perfektion.»[103]

Alexei, der Leutnant, leidet am Widerspruch zwischen den Rollen, die er übernimmt, aber mehr noch an seinen eigenen uneingestandenen Wünschen. Er spielt gern den männlichen Liebhaber und Beschützer, der kluge Staatsmann ist ihm weniger geheuer, noch weniger seine Lust, sich verführen und unterwerfen zu lassen. Seine Verlobte und die Zarin wissen, wie ernst sie das nehmen dürfen, er nicht. Nur in der Liebe verschwimmt das feste Bild, das er von sich hat, zur Kenntlichkeit. Anna und Alexis turteln, ihre Gesichter spiegeln sich im Teich. Von unten schwimmt ein Fisch durch ihr Spiegelbild, ihre lächelnde Harmonie verschwindet im Wirbel. Die Zarin schlüpft in zeitlich befristete Rollen nach Bedarf. Schwache Frau in schwachen Stunden – aber wehe dem Liebhaber, der den Wecker überhört. Eine kleine Drehung genügt Lubitsch, um den

Pola Negri und Ernst Lubitsch beim Drehen von «Forbidden Paradise»

«Lady Windermere's Fan»: Mrs. Erlynne kompromittiert sich für ihre Tochter, ihr künftiger Ehemann (Edward Martindel, links außen), Lord Windermere und der leichtsinnige Lord Darlington (3. und 4. von links) sehen mit betretenen Mienen zu

Widerspruch, mit dem die Figuren leben, als tragisch oder als komisch-kluge Lebenslüge erscheinen zu lassen. Und er dreht einige Male hin und her, bis der Zeiger bei der Komödie stehenbleibt. Eine Hauptrolle spielt der Palast: wieder Pastetenbäcker-Rußland in Übergröße für die kleine Zarin, bombastische Türen, Treppen, Betten, Schnörkel; durch leere Höfe, Treppen und Hallen irren Alexei und Katharina wie Verlorene. Die Seele, ein weites Land – aber der Zarenhof auch.

LADY WINDERMERE'S FAN zeigte wieder Frauen im Widerspruch der Rollen, als Rivalin und Mutter, und, wie schon in *The Marriage Circle*, eine junge Naive, die lernt, ihrer Tugend zu mißtrauen. Immerhin ist die Lady, ohne es zu wissen, die Tochter von Mrs. Erlynne, der erfolgreich-sten Femme fatale der Londoner Salons, die Lord Windermere mit der Drohung, seiner Frau die Wahrheit zu sagen, eine gute Pension abpreßt. Die Tugendhaften sind unerfahren im Umgang mit Versuchungen. Nur die großzügige Deckung durch ihre Mutter rettet Lady Windermere vor dem gesellschaftlichen Eklat. Für die «einzige gute Tat» ihres Lebens kann es sich Mrs. Erlynne leisten, vor dem künftigen Ehemann und sei-nen Freunden als «gefallene Frau» zu erscheinen. In der letzten Einstellung des Films holt sie ihn sich mit einem Prankenschlag und zwei kalt-blütig-intelligenten Sätzen zurück; und hat noch obendrein recht.

Moussierend, hintergründig und mit Anmut spielen Ronald Colman, Edward Martindel und Irene Rich diese Seelenkämpfe aus: der Freund des Hausherrn, der schuldbewußt dessen Frau verführen möchte; der Bonvivant, der Mrs. Erlynne heiraten will und ein wenig Angst hat vor der eigenen Courage; Mrs. Erlynne, die ihrer Tochter das eigene Schicksal ersparen möchte und von ihrer Verachtung getroffen wird. Nur die Lady (May McAvoy) und ihr Lord (Bert Lytell) bleiben theatralisch schwerfällig. «Der Film bewies, daß Oscar Wildes berühmte Epigramme sehr wohl auch ohne Sprache existieren können. Er ist die reine Augenweide, auch heute noch. Der Film erklärt, was es mit Eleganz bei Lubitsch auf sich hat. High-Life-Dekor und extravagante Toiletten auch.»[104] *Lady Windermere* ist Lubitschs köstlichster Jugendstil; jede Einstellung findet neue Tricks, um das Querformat wie Hochformat erscheinen zu lassen: hohe Sprossenfenster, Treppen, Tapeten oder Säulen, die den Raum nach oben verlängern, dann wieder rahmt und betont er die Mitte, schummelt die Ränder weg.

So This Is Paris, war eines seiner üblichen Remakes eines früheren Films, denn schon 1917 hatte er mit Kräly die Spießbürger von Pincornet-les-Bœufs in *Das fidele Gefängnis* geschickt, aber bekannter ist der Stoff natürlich als «Die Fledermaus». Lubitsch behält nur die Lebensgier und Heuchelei der Vorlage, und wieder erwacht eine junge Frau aus naiver Tugendstrenge zur Selbsterkenntnis. Am 27. Februar 1926 überwies Jack Warner 10 000 Dollar für die Continuity an Lubitsch, und das war der geniale Eröffnungsgag auch wert. Eine junge Frau liest am Fenster eine Romanze über einen Scheich. Sie blickt aus Rudolph Valentino-Träumen aufs Fenster des Nachbarhauses, da steht ein Mann mit Turban und nacktem Oberkörper und zückt den Dolch gegen eine Odaliske: Schnitt auf das orientalische Paar und das Innere ihres Zimmers; Schwenk – auf einen Alten am Klavier: Das Ganze war eine Tanzprobe. Tanz spielt die Hauptrolle in *So This Is Paris*, er wirbelt zwei Paare durcheinander, Dr. Giraud und seine junge Frau mit den Scheichphantasien (Monte Blue, Patsy Ruth Miller) und die Tänzer Maurice und Georgette Lallé (André Beranger, Lilyan Tashman). Der Film gipfelt in einer Charleston-Orgie wie seinerzeit *Die Austernprinzessin*. Entrüstete Unschuld setzt auch hier das Unheil selbst in Gang, wie schon Lady Windermere oder Charlotte Braun. Dr. Giraud wird von seiner Frau zum Protest über die Straße geschickt, aber Madame Lallé entpuppt sich als eine alte Freundin, vergnügt erinnert man sich an frühere Zeiten, vergißt Madame, Monsieur und auch einen Spazierstock. Den bringt Monsieur Lallé ganz bürgerlich wohlanständig zurück – und gewinnt seinerseits die Sympathien von Mme. Giraud. So wandert das inkriminierende phallische Symbol mehrfach über die Straße und wieder zurück und fliegt zuletzt ins Kaminfeuer.

Lubitschs Verliebte haben ihre eigenen Frühstückssitten. Monte Blue und
Patsy Ruth Miller in «So This Is Paris»

Mme. Giraud und M. Lallé sitzen traulich zu Hause, Dr. Giraud und seine
alte Flamme gewinnen den Charleston-Wettbewerb. Mme. Giraud erfährt es aus dem Radio, wirft sich in ein Galakostüm und holt ihren sturz-
betrunkenen Tänzer nach Hause. Am nächsten Morgen ist niemand
ernstlich böse, aber jeder ein bißchen aufmerksamer im Ehealltag. Premiere war am 15. August 1926, am 2. Januar 1927 zählte die «New York
Times» den Film unter die zehn besten des Jahres 1926.

KISS ME AGAIN ist leider verschollen.[105] Lubitsch drehte 1941 ein Remake, *That Uncertain Feeling*. Auch hier: Partnerwechsel, mathematisch
konstruiert, als Selbsterfahrung, Erfahrung des Partners.

Am Ausgang der zwanziger Jahre stehen drei höchst unterschiedliche
Filme über Männer, von denen *The Patriot* verloren, *Eternal Love* und
The Student Prince in Old Heidelberg in unterschiedlich guten Fassungen
erhalten sind.

THE PATRIOT war ein Gegenstück zu *Forbidden Paradise*: Der verrückte Zar Paul I. wird von einem Patrioten gestürzt, der sich dann mit seinem
Diener selber richtet. Katharina verführte und betrog sich selber ein wenig, der Zar vergewaltigte und war verrückt. «Film Daily» wählte *The
Patriot* 1928 zum besten Film des Jahres.

71

«The Patriot»: Der verrückte Zar (Emil Jannings) mit Zinnsoldaten

Ali Hubert (rechts) erklärt einem seiner Mitarbeiter Entwürfe für die schlanken, die Silhouette betonenden Kostüme von «The Patriot»

Die Abgründe von «Eternal Love»: John Barrymore und Ernst Lubitsch
(2. und 3. von links) in den kanadischen Rocky Mountains

Der Stoff von ETERNAL LOVE ist hierzulande besser bekannt als «Der König der Bernina». So betrunken war selbst John Barrymore nur selten, daß er Lust hatte, Luis Trenker zu spielen, und so mimte der Broadway-Star höchst theatralisch einen Rebellen in Pontresina, der zuerst die französische Besatzung, dann die biederen Bauern ärgert, darüber seinen blonden Engel (Camilla Horn) verliert und eine schwarze Hexe heiraten muß. Lubitsch filmte in den kanadischen Rockies und hielt sich schadlos im Finale, wo er drei der vier Protagonisten und einen Jagerstutzen unter einer Lawine begraben durfte.

Melodramatisch bricht die Sonne durchs Gewölk, wenn John und Camilla ihren Frieden gefunden haben. Joe Schenck habe Lubitsch zu diesem Film gedrängt, meinte Andrew Marton, und er sprach auch von Lupe Velez, statt Mona Rico, als Partnerin von John Barrymore. Er mag die beiden Baby-Stars von United Artists verwechselt haben, doch macht sein Versprecher begreiflich, wo Lubitsch hinwollte: zu einer neuen Bergkatze. Lupe Velez, die man die mexikanische «Wildkatze» nannte, hätte schon das Zeug zum Pola Negri-Ersatz gehabt.

Beide Filme waren ganz offenkundig nicht Lubitschs eigene Idee, aber sie signalisierten wieder seine Bereitschaft zu Neuem. Dann konzentrierte er noch einmal seine ganze Stummfilmkunst in einem großen Film und

Ein Prost auf den Studentenprinzen: Ramón Novarro, Norma Shearer
und Lubitsch

Der Studentenprinz und sein Privatlehrer in Heidelberg, wo sie dem Leben,
nicht der Wissenschaft, begegnen (Jean Hersholt, Ramón Novarro)

Angebliche alte Feinde treffen sich zum Erinnerungsbild in Hans-Karls
Studierstube: Lubitsch, Marion Davies, Mary Pickford, Ramón Novarro,
Donald Freeman, der Herausgeber von «Vanity Fair», Bebe Daniels
und Jean Hersholt

drehte als Gast von MGM THE STUDENT PRINCE IN OLD HEIDELBERG. Irving Thalberg überwachte die MGM-Highclass-Produktion, seine Frau
Norma Shearer, Ramón Novarro und Jean Hersholt, den Lubitsch besonders schätzte, spielten die Hauptrollen. Lubitsch drehte sogar Nachaufnahmen in Heidelberg, aber Marton meinte, das sei nur Thalbergs Takt,
keinesfalls aber nötig gewesen. Ali Hubert kaufte in Deutschland Requisiten und Korpskleidung und verschiffte sie nach Hollywood. Lubitsch
komponierte jede Einstellung wie ein Gemälde, das Licht zaubert Tiefe
und Geheimnis, schimmernde Hallen, dunkle Täfelungen, leuchtende
Gesichter im Spitzlicht, flirrende Büsche, Laternen und Lampions vor
dem Heidelberger Schloß. Es war die erste seiner Tragödien des ungelebten Lebens, wo der innere Widerspruch nicht zu neuer Erfahrung, sondern zu passiver Ergebung führte.

Hans-Karl von Karlsburg wächst ohne Eltern, aber mit erdrückenden
Standeszwängen auf. Dr. Jüttner wird sein Lehrer und ein warmherziger
Freund, begleitet ihn nach Heidelberg zum Studium. Dort erfährt Hans-
Karl zum erstenmal die Freundschaft Gleichaltriger und die Liebe des
Wirtstöchterleins Kathi. Schnitzlers «Liebelei» läßt grüßen. Auch hier ist
die Frau die Stärkere: Sie verführt den Prinzen – wenigstens für ein kur-

75

zes Glück, denn auf ihn wartet eine Prinzessin, auf sie ein Wiener Metzger, wie auf ein Horváth-Fräulein. Überstürzt muß Hans-Karl abreisen und die Nachfolge seines Onkels antreten; nur für einen Tag kommt er noch einmal zurück ins herbstliche Heidelberg, zu einer traurigen Kathi, will «noch einmal leben», ehe er jedes Glücksverlangen in sich begräbt. Ramón Novarro war ein Glücksfall in dieser Rolle. Neben seinem Freund Valentino galt er als der erste «latin lover» Hollywoods, er brachte nicht nur die Schönheit mit, die Lubitsch immer suchte, sondern auch eine verletzbare Kindlichkeit, wie sie die Rolle forderte. Novarro war ausgebildeter Musiker und stammte aus einer vornehmen mexikanischen Familie; er hatte keine Schwierigkeiten, sich einen europäischen Aristokraten vorzustellen. Nicht zuletzt aber kannte er die Tragödie des ungelebten Lebens. Er plante eine Karriere als Opernsänger, doch als er endlich den Absprung wagte, kam der Krieg dazwischen. Seine homosexuellen Neigungen mußten ein Geheimnis bleiben, solange er den Liebhaber spielen wollte; später ist er von zwei Strichjungen in seiner Wohnung erschlagen worden. Eine fast greifbare Trauer und Melancholie umhüllt ihn, die weit tiefer berührt als die harmlose Geschichte. Der Film leistete sich Sentiment, aber er war mit absoluter Präzision konstruiert, wenn man auch die meisten der umlaufenden Kopien ziemlich verstümmelt hat. Viele Szenen sind parallel oder gegenläufig gedacht und geschnitten, das Zeichenrepertoire konsequent entwickelt, Schlüsselszenen und Leitmotive wie «Es muß wunderbar sein, ein Prinz zu sein» gliedern den Verlauf ebenso wie kleine, sich wiederholende Elemente: der Blick aus dem Fenster, die Fahrten mit Kutsche und Bahn, Begrüßungen, Kleiderwechsel. Am Ende des Films war alles schon einmal da: Eine Kutsche hatte den Knaben in sein fürstliches Gefängnis geholt, das Rad der Kutsche, die ihn von Kathi wegträgt, wird zum Rad der Hochzeitskutsche, in der er mit Ilse von Altenburg sitzt.

Das Spiel der Darsteller ist natürlich, andeutend; was wirklich in ihnen vorgeht, zeigen Kamera, Schnitt und symbolisch chiffrierte Bilder. Wenn Hans-Karl erpreßt wird, drückt man ihn in Stühle, aus denen er nicht mehr hochkommt, er sucht Halt an Wänden und Fensterlaibungen, die Hände des Sterbenden umklammern die seinen. Wenn er das Leben und die Liebe endlich wagen will, beißt er zögerlich, dann immer herzhafter in einen Kuchen. Sehnsüchtig streichen die Liebenden über die Bettdecke und denken an den anderen. Kein Zensor konnte daran Anstoß nehmen.

Blicken wir zurück auf Lubitsch in den Zwanzigern. Schnell hat er ein hervorragendes Englisch gelernt, nur sein dicker Akzent ist ihm geblieben. Er sitzt in einem staubigen Provinzstädtchen zwischen Wüste und Meer und dreht Filme, als schriebe er in Wien oder Budapest – für die Brüder Warner, zwei ungebildete, schlaue Emporkömmlinge, die seine Einnahmen mit denen des Hundes Rin-Tin-Tin vergleichen. Lubitsch

Seinen Vater konnte er nicht begraben, aber 1927 war Lubitsch wieder in Berlin, wo dieses Foto mit alten Kollegen aufgenommen wurde

kassiert die höchsten Honorare in Hollywood und besitzt das Prestige eines Wundermanns. Norma Shearer beklagte sich weinend bei Irving Tahlberg, als er ihre Kathi im *Student Prince* kritisierte, die alles, nur keine Kellnerin sei. Der große Produzent kam ins Studio und tröstete seine Frau vor versammeltem Team: «Liebling, ich bin sicher, wir können alle eine Menge von Herrn Lubitsch lernen.» Es wurde nach heutiger Kaufkraft unvorstellbar verdient in diesem Filmdorf, die Stars waren überlebensgroß, ihre Parties, ihre Villen, ihre Extravaganzen. Pola Negri, Gloria Swanson, Rudolph Valentino lebten ihr Leben wie einen DeMille-Film. Lubitsch aber drehte kleine Kunstwerke mit unbekannten Künstlern im literarischen Jugendstil Mitteleuropas. Er war charmant und überall wohlgelitten, aber man kann nicht sagen, daß er sich angepaßt hätte. Zu Hause, in Berlin, starb sein Vater am 15. Februar 1924.

Der Tonfilm: Lubitsch entdeckt die Belle Époque und die Bohème

Der Ton und die schlechten Zeiten

1929 gab es einen großen Krach: an der Börse und im Kino, in das der Tonfilm einzog. Stumm waren die Filme ja nie. Zu den laufenden Bildern des Nickelodeon spielte der Mann am Klavier, in den Kinopalästen rauschte bei Premieren voller Orchesterklang. Die Studios lieferten Notenmaterial mit den «Cue-sheets» für den Vorführer, damit die Musik aufs Stichwort einsetzen konnte.[106] 1928 hatten von 20 500 Filmtheatern nur 1300 eine Tonanlage, 1929 waren es schon über 9000, darunter alle Marktführer in den großen Städten. 1930 verschwanden die Stummfilme vom Markt, und das traf auch Lubitschs *Eternal Love* und *The Patriot*, während Musikfilme wie «The Jazz Singer» (Warner, 1928), «Rio Rita» (RKO, 1929) und «Broadway Melody» (MGM, 1929) Kasse machten.

Zunächst wurde das Filmen schwieriger, zäher. In den Stummfilmstudios beschwingte Musik die Darsteller. Texte konnte man improvisieren, Regisseure dirigierten lautstark, die Techniker lachten, wenn ihnen etwas gefiel. Das war nun vorbei. Die Kamera, unbeweglich in ihrem isolierten Kasten, fotografierte nur noch Frontaltheater und registrierte dennoch gnadenlos jedes Spielgeräusch. Die Stummfilme hatten ihren Markt auf der ganzen Welt, der Tonfilm war beschränkt auf die Sprache des Herstellungslandes. *Der Film ist jetzt in der gleichen Lage wie die Bühne: er spricht, wie ein Bühnenstück, nur eine begrenzte Schicht von Menschen an.*[107] Aber dazu war er zu teuer, zumal Lubitsch die Ausstattungsfilme in mehreren Fassungen, auf französisch, deutsch und sogar in britischem Englisch drehte. Die internationalen Stars verschwanden. Ausländer wie Pola Negri hatten den falschen Akzent, Amerikaner wie John Gilbert einen fiepsigen Tenor.

Dem Börsenkrach folgten Jahre der Depression und bitterster Not. Nur im Kino durfte man noch träumen, und nie waren die Filme, die Kinopaläste verschwenderischer ausgestattet, nie haben die Studios besser verdient. Lubitsch wurde mit seinen Operettenfilmen zum führenden Magier des «glamour train», und er verließ ihn erst, als er auf eine schmalere, provinziellere Spur wechselte.

Lubitsch, die Operette und die Rückkehr nach Arkadien

Früher, besonders in den ‹gay nineties›, kümmerte sich niemand um nationale Tragödien. Die Menschen waren glücklich im Glanz einer großen, romantischen Liebe. Ihre Freuden waren weniger kompliziert und führten schneller zu einem sorglosen Glück. In unseren modernen Zeiten existiert die große Liebe nur in der Form verdrängter Sehnsüchte und Begierden.[108]
Die Utopie des Glücks als Traum aus Musik, Tanz und Rhythmus machte Lubitsch zum Thema seiner Operettenfilme, die verdrängten Leidenschaften moderner Menschen analysierte er in den Komödien der dreißiger Jahre.

Unter seinen Händen war der Stummfilm so realistisch-beredt, daß man den Dialog fast erriet, und er gab nun die Kunst filmischer Erzählung nicht einfach auf, als der Ton einen billigen Ausweg bot. Er entfernte sich demonstrativ vom Realismus der «talkies» und entfaltete «die Magie

Lubitsch hört auf den Ton – und dreht Operetten

der Kunst im Triumph über die Realität»[109]. Er komponierte eine magische Welt der Kunst aus visuellen, musikalischen und sprachlichen Leitmotiven, wie eine europäische Oper, nicht wie das amerikanische Nummern-Musical. Die Musik lieferte ihm ein Alibi. *Gesang ist in betont realistischen Szenen deplaciert, Musikfilme können nie völlig realistisch sein. Man sollte sie als charmante Romanzen sehen, die nicht in die Alltagswelt gehören.*[110] Lubitsch träumte vom filmischen Gesamtkunstwerk und vom Regisseur, der alle Phasen der Produktion beherrschte. *Die Ein-Mann-Kontrolle kehrt offenbar zurück. Ich halte sie für das Richtige.*[111]

Seine Filme glühen und leuchten nun in einem Perlmuttglanz, den moderne Schwarz-Weiß-Filme nie wieder erreicht haben. Die Klarheit der Bauhaus-Linien, das strahlende Weiß der Neuen Sachlichkeit, vergoldet von kalifornischem Luxus, prägen sein Operetten-Arkadien und die anarchischen Komödien der «glorious thirties». Das Art Department der Paramount unter Hans Dreier und der MGM unter Cedric Gibbons schufen ihm dafür utopische Räume von souveräner Eleganz, eine Mischung von Art déco, Bauhaus und Neuer Sachlichkeit. Beeinflußt von Frank Lloyd Wright entwarfen sie asymmetrische und ineinander übergehende Räume, Treppen und Hallen, bevorzugten Stuck, Stahl, Chrom, Glas, polierten Stein und Kunststoffe. Reinweiße Dekors wurden ein Markenzeichen von Paramount, aber auch sonst überaus populär. Für das berühmte weiße Schlafzimmer der lustigen Witwe benutzte Cedric Gibbons sechzehn verschiedene Weißtöne. Er hatte auch Ramón Novarros Frank Lloyd Wright-Haus ganz in Silber und schwarzem Pelz ausgestattet. Die Dinnergäste wurden gebeten, in Silber, Schwarz oder Weiß zu erscheinen.

Paramount unter Hans Dreier war am entschiedensten Bauhaus-orientiert. Dreier hatte in München studiert und bei der Ufa begonnen. Ihm gelangen für *One Hour With You, Monte Carlo* und *Trouble in Paradise* einige der schönsten Art déco-Sets der Filmgeschichte. Freitragende Raumelemente, Decken, Balken, Rahmungen, Absenkungen, Treppen oder Podeste dehnten den Raum nun ebenso in der Horizontalen, wie ihn der Jugendstil der zwanziger Jahre in der Vertikalen gestreckt hatte. Gleichzeitig gewinnt der Hintergrund an Bedeutung, lenken ineinandergreifende Raumfluchten und große Fenster den Blick auf die Landschaft in der Tiefe. «Die Bauten von *Trouble in Paradise* – nüchtern, weiß, lichtdurchflutet – stehen den Entwürfen von Richard Neutra sehr nahe, dem führenden modernen Architekten in Los Angeles. [...] Eine besonders eindrucksvolle Sequenz reiht Vignetten verschiedener Art déco-Uhren aneinander, die anzeigen, wie der Abend vergeht, während das Paar sich näherkommt.»[112] Die Darsteller wurden größer, kräftiger, die Frauen weniger puppenhaft. In den Toiletten aus fließendem, schimmerndem Material werden ihre Körper durch Licht und Schatten modelliert, erscheinen fast nackt und provozierend weiblich, nicht mehr so kindlich wie in den zwanziger Jahren. Jeanette MacDonald und Maurice Chevalier besaßen

Der Operettenkönig Lubitsch am Set

überdies das Flair der Belle Époque. *Und Jeanette wird immer besser. Sie hat ein kluges Köpfchen unter ihren rotgoldenen Haaren und einen Humor, der bei schönen Frauen äußerst selten ist.*[113]

Ende der dreißiger Jahre verlosch der Glanz; es folgten Idyllen, in Grautönen komponiert wie alte Stiche, zwei sanft kolorierte Albumblätter zu nostalgischen Märchen, und dazwischen das scharfe Schwarz-Weiß der überwachen politischen Satiren *Ninotchka* und *To Be or Not To Be.*

Close-up: «Paramount on Parade» und «The Merry Widow»

Wieder einmal eröffnete Lubitsch ein neues Kapitel seines Lebens mit wenigen Episoden, in denen sich die Essenz seines neuen Stils konzentrierte: seine Beiträge für den Film «Paramount on Parade», 1930. Chevalier klettert als Kaminkehrer über die Dächer von Paris und fegt die Wolken weg[114]; ein Ehepaar streitet und reißt sich die Kleider vom Leib, Apachenmusik begleitet ihren Kampf, der zum Tanz wird.[115] Die magische Welt der Kunst, die er der Realität entgegenstellt, ist eine metaphysische, archaisch, elementar in ihren Zielen und Ängsten.

Eine der berühmten Dekorationen zu «The Merry Widow»

THE MERRY WIDOW, die letzte seiner Operetten, ist das reifste, schönste Werk dieser Zeit. Arkadien heißt hier zufällig «Marshovia» und ist ein Staat aufgeklärter intellektueller Hirten, witzig, tolerant und zur Sinnlichkeit entschlossen. Der lächerliche König, ein Kuppler und Magier, teilt mit seiner Gattin ein Bett, das Widderhörner krönen, ein Herrscherpaar, das mit List und Lust regiert – «Mit deinen Kontakten und meinem Verstand kann Marshovia nicht untergehen» –, und selbst ihren Zwist begraben sie in homerischem Gelächter, Juno und Jupiter. Marshovianer bezahlen ihre Zeitung mit Eiern und debattieren im Café, die Armee marschiert höflich um zwei Rinder herum, und ebenso höflich werden die Ziegen gebeten, den Gerichtssaal zu räumen. In Marshovia respektiert man Natur und Intelligenz – ein unfähiger Botschafter wird nicht erschossen, sondern zum größten Trottel ernannt. Und es ist ein Land der Musik, des Tanzes. An der Spitze seines Regiments singt Danilo den winkenden Mädchen zu; Sonia läßt ihn abblitzen und schickt ihm das sehnsuchtsvolle «Wilja-Lied» nach – Danilo dirigiert seinem Burschen eine Tenor-Replik. Überall sitzen die Zigeuner, musizieren, hören zu, tanzen. An der Liebe aber hängt schließlich das Schicksal des Staates. Wer ist der richtige Mann für die Witwe? Lubitsch dachte nicht daran, wie Erich von Stroheim unappetitliche Details aus Sonias erster Ehe auszubreiten.[116] Sie und

Danilo spielen bei ihm ein Spiel mit gleichen Voraussetzungen: keine demütigende Vergangenheit der Witwe, keine politische Verstrickung Danilos. Es geht nicht ums Geld oder um soziale Gegensätze, sondern ausschließlich um einen Mann und eine Frau und um das Thema aller Lubitsch-Operetten: Mann liebt starke Frau und fürchtet, daß sie ihn auffrißt; Frau liebt unreifen Mann und fürchtet, daß er sie zerstört. Aber Marshovia ist ein Land der Liebe und des Lebens, die schwarze Witwe eine Herausforderung für Danilo und eine Gefahr: «Ein Mann, der mit Hunderten von Frauen durchs Leben tanzen kann und sich für eine entscheidet, verdient Strafe.» Danilo will die Fifis aus dem Maxim; die schwarze Frau will seine Hingabe, mourir un peu, sie werden ein wenig sterben in der Liebe – und heiraten. Zuerst flüchtet auch sie vor dem begabtesten Liebhaber der marshovischen Armee nach Paris, wo man solche Anfälle leichter kuriert. Immer wieder überwinden Musik und Tanz die Ängste von beiden. Wenn Danilo sich fürs Maxim anzieht, fliegt sein Gesang durchs offene Fenster zu Sonia, und die Kamera wandert in einer berühmten Fahrt mit den Tönen über die Hotelfassade, bis sie ihr Fenster erreicht. Da geht auch sie ins Maxim und spielt ein Maxim-Mädchen, um ihn zu gewinnen. Als er sie dann verliert, vergeht ihm die Lust an allen anderen Frauen. Wenn die beiden gar nicht mehr miteinander reden können, nach dem Streit im Séparée, beim Ball in der Botschaft, zuletzt in

«The Merry Widow»: Der Schwarz-Weiß-Ball mit schwarzen und weißen, blonden und dunklen Tänzern und Tänzerinnen in der Botschaft von Marshovia

Feierliche Vertragsunterzeichnung bei Irving Thalberg (links)
mit Maurice Chevalier, Jeanette MacDonald und Lubitsch für
«The Merry Widow»

«Paramount on Parade»: Chevalier als Gendarm d'amour im Park

«The Merry Widow»: Jeanette MacDonald und Maurice Chevalier als Sonia und Danilo – Lubitschs Operettentraumpaar

«The Merry Widow»: Das königliche Paar von Marshovia packt den Kronschatz für die Flucht

der Gefängniszelle, bringt Musik ihre Körper in Bewegung und der Tanz sie zusammen. Am Ende steckt sie Lubitsch (und der König, der andere Regisseur) in ein dunkles Loch, eingezwängt, auf Selbstbehauptung bedacht. Unwillkürlich geraten sie in Bewegung, die sich zum Tanzschritt angleicht. Danilo begreift als erster. Einen letzten Walzer als glückliche Wende wird auch Henry van Cleve träumen, wenn er stirbt. Das ist Lubitschs Utopie einer aufgeklärten Gefühls- und Sexualkultur, wo die Widersprüche von Persönlichkeit und Hingabe, von Lust und Vernunft, Eros und Tod im Glück der Körper und der Musik für Momente aufgehoben, aber nie geleugnet werden. Zwei starke Individualitäten beweisen am Widerstand, den sie überwinden, die Intensität ihrer Leidenschaft und eine distanzierte Härte, die den Amerikanern nicht geheuer war.[117] Während Irving Thalberg mit den Zensoren wegen Danilo, dieser «definitely immoral person», heftig stritt und Hunderttausende für Nachaufnahmen ausgeben mußte, fanden manche Kritiker, er könne sich die Mühe sparen. «Wenn die Reformer so klug sind, wie man annimmt, so werden sie nicht mehr Jean Harlow kritisieren, sondern Mr. Lubitsch preisen. […] Es ist doch weit erhebender, wie verächtlich und höflich distanziert der Regisseur von *The Merry Widow* die ganze Idee der Sexualität ins Lächerliche zieht. […] Wenn wirklich die Lächerlichkeit das einzige ist, was große Liebende schrecken kann, dann ist Lubitsch wohl auch der beste moralische Einfluß seit Savonarola.»[118]

Verglichen mit den verlogen-sentimentalen Happy-Ends, die immer populärer wurden, hatte dieser Kritiker sogar recht. Lubitsch nutzte Musik und Bewegung, um eine metaphysische Ebene zu gewinnen. (Und darum ist Danilo auch künstlerisch viel zwingender als Hofmannsthals «Schwieriger», der ihm thematisch so nahesteht: Dieser schwätzt von Metaphysik, beim anderen hört und sieht man sie.) Umschwünge finden in der Musik statt und werden durch Choreographie beglaubigt, nicht verbal erklärt. Sonia sitzt über und in ihrem Tagebuch, stickt und will Danilo vergessen, aber – «Jede Witwe hat ihre Grenzen» – abrupt wechselt das Orchester in einen flotten Galopp, schnelle Schnitte, und rasch fliegen weiße Schuhe, Hüte, Kleider und ein weißer Pudel an die Stelle der trauerschwarzen. Das dauert keine Minute. Thalberg gab Lubitsch ein wunderbares Team: Maurice Chevalier und Jeanette MacDonald, dazu seine besten Komödianten: Edward Everett Horton, George Barbier, Donald Meek, Una Merkel, Herman Bing und Sterling Holloway. Franz Lehár kam zu Besuch und dirigierte das Orchester.

Franz Lehár, mit Frack und Orden, dirigiert als Gast das Studioorchester von «The Merry Widow»

Jeanette MacDonald und Maurice Chevalier in «The Love Parade»

Die Filme

Alle Operetten Lubitschs variieren das metaphische Thema. Schon Königin Louise (Jeanette MacDonald) in LOVE PARADE, 1929, erstarrt in «splendid isolation». Ihre Höflinge sind sicher, daß keinem Mann die Selbstaufgabe zuzumuten ist, sie zu heiraten. Aber sie träumt und singt vom «dream-lover», während sie sich fürs Bad entkleiden läßt. Graf Alfred (Maurice Chevalier) wird von der sylvanischen Botschaft in Paris abberufen, wo seine Amouren Skandal machen. Zu Hause trägt ihm das erst Neugier und dann die Hand der Königin ein. Und das ist das Ende des Grafen Alfred. Was er kann, ist nicht gefragt, «Nobody's using it now»; was er will, auch nicht: Wenn er schlafen oder Liebe machen will, stören ihn die Böllerschüsse, wenn er essen will, das Protokoll. Er wehrt sich, sie will ihn behalten. Ohne eines ihrer Probleme zu lösen, schenkt ihnen Lubitsch ein Happy-End: Königin Louise sitzt traurig in der Opernloge, der Graf ist nicht nach Paris gefahren, sondern nimmt ganz unerwartet neben ihr Platz, lächelnd lauschen beide der Musik.

Die Amerikaner sahen weniger Lubitschs Philosophie von Liebe und Ehe als seine technische Bravour, er «brachte die reiche Theatertradition der Operette auf die amerikanische Leinwand. [...] Von 1929 bis 1934 drehte er fünf Filme mit soviel Witz, Raffinement und musikalischem

Der Graf ist ein Friseur und die Gräfin ist pleite: Jeanette MacDonald und Jack Buchanan in «Monte Carlo»

Glanz, daß erst Vincente Minnellis ‹Meet Me in Saint Louis›, 1944, sich wieder mit ihm messen konnte.»[119] «Er setzte seine musikalischen Akzente so in den Rhythmus einer Szene, daß die Songs die Handlung nicht unterbrachen, sondern auf einen Höhepunkt führten; unauffällig gewann die Musik mit der Handlung an Fahrt, unterstrich die Gesten der Darsteller.»[120] Er ließ den bühnenerfahrenen Chevalier direkt in die Kamera und ins Publikum singen, reimte und rhythmisierte den Dialog – was für Aufsehen sorgte. Die Songs von Victor Schertzinger und Clifford Grey wurden Hits, Maurice Chevalier und Jeanette MacDonald internationale Stars.

In MONTE CARLO, 1930, bewegten sich Kamera und Darsteller schon frei unter hängenden Mikrofonen, Lubitsch machte aus der gefilmten Oper ein filmisches Utopia. Gräfin Mara singt, mit wehendem Haar, «Beyond the Blue Horizon» und flieht im Zug durch eine bukolische Landschaft zur Riviera, zur Freiheit, zum Abenteuer und natürlich auch zum Jackpot, der sie finanziell sanieren soll. Das Stampfen und Pfeifen der Lokomotive legt den Rhythmus unter ihren Gesang und den Schnitt vom dahinfliegenden Zug auf die drehenden Räder, die grüßenden Bauern, die sonnigen Felder – eine swingende Pastorale. Gräfin Mara flüchtet vor der Ehe mit einem Mann, «der gar nichts hat, außer Geld», und landet bei einem, der gar nichts hat als erotische Anziehung. Lubitsch fand *es spannend, wie sich eine Dame von kultivierter Herkunft und Bildung im*

Spiel der Liebe verliert[121]. Genußvoll zeigt er Maras Kämpfe mit sich selbst, vielfach versteckte Schlüssel, verräterische Split-screen-Telefonate. Fast kehrt sie resigniert zum blaublütigen Trottel des Anfangs zurück, da löst die Oper in der Oper ihr Dilemma: «Monsieur Beaucaire», im Zeitraffer gesungen im Zuckerbäcker-Theater von Monte Carlo, überzeugt sie, daß sie ihren Friseur nicht verlieren will, wie die Königin auf der Bühne. Mara ist eben etwas zerstreut: Einer Mesalliance entgeht sie nur, weil das Kleid nicht paßt, und sie findet den Richtigen, weil ihr der Schaffner ein Ticket nach Monte Carlo verkauft und sie dort in die Oper geht.

Dann griff Lubitsch zum «Walzertraum», den ein Ungar und ein Amerikaner, Ernest Vajda und Samson Raphaelson[122], für ihn zu THE SMILING LIEUTENANT umschrieben. Nun wird die Musik vollends zur Metapher für glücklichen Sex und befreit erwachsene Menschen. Kaiser Franz Joseph verkuppelt den feschen Niki mit der semmelblond-jüngferlichen Prinzessin Anna (Miriam Hopkins), und seine kluge Freundin, die brünette Franzi (Claudette Colbert), bringt ihr die Flötentöne bei, wie Niki sie mag; denn Franzi geigt in einer Damenkapelle und Niki spielt gerne im Duett. Der König von Flausenthurm weiß, was gespielt wird, als Anna fragt: «Spielen solche Frauen immer Geige?» – «Nein, aber sie spielen.» Niki liebt Musik und Wäsche vom feinsten, also ändert Franzi Annas Repertoire von den betulichen «Cloister Bells» zum Jazz und singt «Jazz up your lingerie! Just like a melody! Be happy! Choose snappy Music to wear!» Jam-Session von Franzi und Anna am Klavier: «Get hot!» Dann bleibt Anna allein am Klavier, Schnitt auf die neue Wäsche, Schnitt auf Niki mit dem Blick eines Kindes vor dem Gabentisch – Lubitsch hat auch in Flausenthurm Arkadien gefunden.

ONE HOUR WITH YOU, 1932, war ein Remake des stummen *The Marriage Circle* mit Chevalier und MacDonald als jungem Ehepaar, verführt von Geneviève Tobin und Charlie Ruggles. Dramaturgisch den Stummfilmen näher als den Operettenfilmen, führte es deren Dialog mit dem Publikum fort. *Ich erlaubte Maurice, das Publikum in sein Vertrauen zu ziehen, es in seiner typischen Manier anzusprechen und zu fragen, was er denn nun tun solle! Am Anfang erzählt er den Zuschauern auch, daß sie sich täuschten, daß er tatsächlich verheiratet sei.*[123] Es war einer jener Rückgriffe auf frühere Erfolge, die für Lubitsch so typisch waren. George Cukor machte eine bittere Erfahrung. «Lubitsch hatte das Buch für *One Hour With You* schon geschrieben, war aber noch mit einem anderen Film beschäftigt, so einer Antikriegssache mit dem Titel *The Man I Killed*, und so bat man mich, Regie zu führen.» Cukor tat es zwei Wochen. «Dann sah sich B. P. Schulberg, der Studioboss, das Rohmaterial an und es gefiel ihm nicht. [...] Was dann kam, war eine verdammte Quälerei für mich: Ich war unter Vertrag und mußte weiter bei den Aufnahmen bleiben, während Lubitsch Regie führte. [...] Ich glaube, ich habe mich gut benommen, sehr diszipliniert und so, als kümmere es mich nicht. Offiziell

«One Hour With You»: die Verführung im Park, hier mit Geneviève Tobin und Maurice Chevalier

stellte ich den Film fertig, aber tatsächlich hat ihn Lubitsch gemacht.»[124] Cukors Klage erinnert daran, daß Lubitsch seine Filme selbst unter größtem Zeitdruck selber schrieb und schnitt. Dann nahm Lubitsch sich zwei Jahre Zeit für zwei seiner besten Komödien und beschloß die Operettenserie mit der MGM-Luxusausgabe von *The Merry Widow*, 1934.

Nur einmal noch hat er sich der Operette zugewandt. Dreizehn Jahre und zwei Herzanfälle später schrieb er mit Sam Raphaelson THAT LADY IN ERMINE nach «Die Frau im Hermelin» von Rudolf Schanzer und Ernst

«Mädchen, die zum Frühstück bleiben, werden nicht geheiratet.»
Claudette Colbert, Maurice Chevalier und sein Bursche Hugh O'Connell
in «The Smiling Lieutenant»

Drehpause bei «One Hour With You»: Lubitsch entspannt sich am Klavier, Jeanette MacDonald und Geneviève Tobin hören zu

Welisch. Während der Drehzeit starb er, und Otto Preminger, der schon das Remake von *Forbidden Paradise* als «A Royal Scandal» verpatzt hatte, blies nun auch diesem Film nach Kräften jeden Lubitsch-Funken aus. Die Liebesgeschichte zwischen der italienischen Gräfin und dem ungarischen Offizier sollte durch Rahmenperspektiven gebrochen werden – Preminger begriff das nicht und strich es zum Ärger von Lubitschs treuer Sekretärin Steffie Tröndle: «Übrigens sah ich *That Lady in Ermine* hier vor einigen Wochen im Vorführraum, und ich war ganz traurig, wieviel von dem, was Mr. L. gedreht hatte, herausgeschnitten und wie die ganze Geschichte verändert worden ist. Sie werden sich an die Szene mit den Ahnen erinnern, am Anfang des Films, die mit den besten Dialog des ganzen Films enthielt – nun, all das ist verändert und fast ganz verschwunden. Als Finale hatte Mr. L. einen Song für Francesca vorgesehen, wo sie erklärt, was sie tatsächlich unter ihrem Hermelinmantel anhatte und wie alle Ahnen das Falsche angenommen hatten, ehe sie wieder in ihren Bilderrahmen steigt. Er liebte diese Nummer und hielt sie für ein ausgezeichnetes Finale, aber auch sie ist getilgt.»[125] Preminger konnte auf ein Drehbuch und sogar auf ein Treatment von Lubitsch zurückgreifen[126], der Film war halb abgedreht – «er tat sein Bestes, aber wir wußten alle, ein Lubitsch-Film war das nicht mehr!»[127]

Lubitschs erotische Tafelrunden – hier in Neuer Sachlichkeit mit Maurice Chevalier und Jeanette MacDonald als Gastgeber in «One Hour With You»

Lubitsch auf dem Höhepunkt
des Lebens und der Karriere

Ein Vierteljahrhundert gehörte Lubitsch zur Hollywood-Prominenz, spielte den jovialen Maestro mit der Zigarre und führte ein offenes Haus, aber nur wenige standen ihm nahe: sein Fahrer Otto Werner, die deutsche Sekretärin Steffie Tröndle, die sich zu seinen Füßen begraben ließ. «Bevor Hitler kam, war ihm der liebste Urlaub eine Reise nach Berlin, ein Treffen mit den alten Freunden und Kollegen im Bühnenklub.»[128] Aber er blieb auch für Walter und Liesl Reisch «Herr Lubitsch», obwohl er jeden Sonntag seinen Autor und Nachbarn in Bel Air besuchte und auf der Veranda Kaffee trank.[129] Samson Raphaelson schrieb über seine Beziehung zu Lubitsch: «Ich habe mit Ernst Lubitsch an neun Tonfilmen von 1930 bis 1947 gearbeitet, aber ich hatte nie das Gefühl, daß wir uns wirklich kannten.» Im Sommer 1943 hörte Raphaelson im Radio, daß Lubitsch an einem Herzanfall gestorben sei und diktierte tief bewegt einen Nachruf.[130]

Aber Lubitsch überlebte, las Raphaelsons Klage, daß er nie gewagt habe, dem Lebenden seine tiefe Freundschaft auszusprechen. Jahre vergingen. 1947 beendeten sie ihr letztes Drehbuch, *That Lady in Ermine*, und Raphaelson wollte sich verabschieden, bevor er an die Ostküste fuhr. Erst jetzt sprach ihn Lubitsch auf jenen Nachruf an, nahm Inhalt und Formulierungen kritisch unter die Lupe, ganz als wäre es ein Drehbuch. Das ging einige Stunden, dann bat er Raphaelson um das Versprechen, den Nachruf in seiner ursprünglichen Form zu veröffentlichen. Schon wenige Wochen später war es soweit.

Zweierlei offenbart diese bizarre Episode. Wie viele Komödianten war Lubitsch scheu, und wie alle Genies geplagt von Selbstzweifeln. Mit knapp vierzig war er eine Legende – und in der Sackgasse. *Trouble in Paradise, Design for Living, The Merry Widow,* bestaunt als Meisterwerke, waren kein Geschäft wie das Fred Astaire–Ginger Rogers-Musical «The Gay Divorcee» oder die Screwball-Comedies, wie sie Frank Capra 1936 lanciert hatte. *The Man I Killed* war vollends ein Debakel. Lubitsch vertrug Mißerfolge schlecht, schloß sich tagelang im Schlafzimmer ein,

Drehpause bei «That Lady in Ermine»: Douglas Fairbanks und Lubitsch

«wo er sich in der Dunkelheit aufs Bett legte und stundenlang stöhnte. Nicht einmal zum Essen ist er herausgekommen.»[131] Mitte der dreißiger Jahre wurde das Klima kälter für ihn. Zensur[132] und Moralkampagnen fanden weite Zustimmung. Für die Kollegen war Lubitsch «Vorbild und Ideal, denn er konnte nicht nur ungehindert spotten und anzüglich sein, mit ihm siegte die Intelligenz in einem System, das sonst die Dummheit beherrschte»[133]. Nun aber wollte auch das Publikum diese Dummheit. Zwei Tage vor der Premiere von The Merry Widow klagte Lubitsch der «New York Times»: *Ich unterstütze jeden, der vulgäre Filme bekämpft. Ich würde sagen, der Unterschied zwischen Kunst und Firlefanz ist der, daß Kunst wahrhaftig ist und Firlefanz nicht. Ein Künstler wird nie Zugeständnisse machen, um Konsequenzen auszuweichen, wenn er sagt, was er für die Wahrheit hält. Diese Kampagne wird Künstler zwingen, die Welt durch rosa Brillen zu betrachten. […] Im Augenblick kann ich fast völlig frei an leichten, verspielten Geschichten wie «The Merry Widow» arbeiten, aber es wäre mir unmöglich, einen Film zu machen, der in seiner Handlung, seinen Charakteren Anspruch auf Tiefe erhebt.* So könne er keinen «Faust» drehen, jede biblische Figur verstoße gegen diese Zensur.[134] Lubitsch wußte, daß man ihm seine Skepsis noch am ehesten in Komödien verzieh, doch auch damit schien es vorbei.[135] Das Publikum wollte die heile Welt und fand sie bei anderen.

Er selber hatte wenig Grund, an sie zu glauben. Seine erste Ehe war gescheitert. Nach der Scheidung flüchtete er nach New York, drehte dort *The Smiling Lieutenant*, kam im März 1932 zurück und schloß einen neuen Vertrag, der ihm drei Filme pro Jahr zu je 125 000 Dollar Honorar garantierte. Dann fuhr er drei Monate nach Europa, stritt sich in Berlin mit Josef von Sternberg, lernte eine Wiener Brauerstochter kennen, Greta Körner, die ihm nach Kalifornien nachreiste und mit einer Abfindung wieder nach Hause fuhr. Im Januar 1933 war auch Lubitsch wieder zurück in Bel Air. An seinem 43. Geburtstag nahmen ihm die Deutschen seine Staatsbürgerschaft, schon wenige Tage später, am 4. Februar 1935, saß er am Schreibtisch als Produktionschef bei Paramount. Er brauchte Geld, um die große Familie in Sicherheit zu bringen, und er brauchte Heimaten. Ganz sicher unterschätzen wir, in welche Existenzangst diese Ausbürgerung einen Künstler stürzen mußte, der schon auf schlechte Kritiken mit Selbstzweifel und Depression reagierte und dessen Arbeit in mitteleuropäischen Traditionen verankert war. Am 24. Januar 1936 bekam er seinen amerikanischen Paß; postwendend, am 1. Februar 1936, trat er als Produktionschef zurück und erklärte jedem, wie froh er sei, diesen Posten loszusein. Dann fuhr er mit seiner neuen Frau für drei Monate nach Eu-

Lubitschs Villa in Bel Air, Gartenfront

ropa. Die literarische Agentin Vivian Gaye hatte ihm die deutsche Vorlage von *Desire* angeboten, und er lud sie zum Essen ein. Schon sechs Wochen später, am 27. Juli 1935, heirateten sie in Phoenix, und Hans, der Sohn seines Bruders Richard, war einer der Trauzeugen.

Vivian hieß eigentlich Sanya Bezencenet, sie war die Tochter eines britischen Diplomaten und einer russischen Mutter, in Genf und England aufgewachsen, mit Heidelberger Abitur, intelligent, literarisch gebildet und sehr britisch «upper-class». Sie erinnert sich an die Europa-Reise: «Wir hatten unmögliche Reiserouten, weil er kein Flugzeug nehmen wollte, das Deutschland überflog. Und was passiert? Die Maschine muß in Berlin notlanden, und er weigert sich, seinen Fuß auf deutschen Boden zu setzen. Man mußte ihn heraustragen, ein Angestellter witzelte: ‹Sie müssen keine Angst haben. Halten Sie nur die Hand über Ihre Nase!› In Wien trafen wir seine Schwestern, sprachen mit Autoren, Regisseuren, Musikern und folgten einer Einladung der sowjetischen Regierung zu einem Filmfestival in Moskau.» Am 18. April berichtete «Variety», die Lubitschs seien in Moskau Gäste vom B. Z. Shumyatsky, dem Chef der sowjetischen Filmindustrie. «Er war neugierig auf das Land, die Revolution, auf neue Techniken und Stile. Doch er sah nur schlechte Propagandafilme und wollte abreisen. Aber wir mußten den vorgesehenen Monat bleiben und gingen nach Leningrad, wo wir viele Autoren trafen, die da mit ihrem Staatssold besser lebten als im überfüllten Moskau. In Moskau luden uns Gustav und Ilse von Wangenheim zum Essen in ihre Wohnung, die ganz so aufgeteilt war, wie er es dann in *Ninotchka* gezeigt hat. Wir mußten Molnár treffen, dem Ernst zwei Geschichten abkaufte, und fuhren im Mai 1937 noch einmal einige Tage nach Moskau, um als Privatgäste des Außenministers Maxim Litwinow die Maiparade anzusehen. Seine Frau Ivy, eine Engländerin, freute sich über meine Gesellschaft. Wir standen auf der Ehrentribüne, Lubitsch nur wenige Meter von Stalin entfernt.»[136] Es waren die schlimmsten Jahre stalinistischen Terrors. Lubitsch wagte sich in die Höhle des Löwen – und spielte den gemütlichen Berliner. Inge von Wangenheim berichtete später, wie kumpelhaft und drollig er sich bei den alten Kollegen gab; nur Sanya sei wie eine stumme, schöne Eisprinzessin dabei gesessen, «ließ sich nur sehr gelegentlich von ihrem Mann dolmetschen, was wir so redeten»[137]. Sanya konnte aber ausgezeichnet Deutsch, sie hatte ein deutsches Abitur bestanden. Nimmt man hinzu, wie konsequent sich Lubitsch in Hollywood von allem fernhielt, was ihm der kommunistischen Infiltration verdächtig schien – selbst Salka Viertel, die mit ihm den Emigrantenfonds gegründet hatte, berichtete davon –, dann ahnt man, wie vorsichtig er in Moskau tatsächlich vorgegangen ist. Wie gefährlich solche Kontakte sein konnten, mußten Carola Neher und ihr Mann erfahren, die eine stramm-linientreue Aussage Gustav von Wangenheims ins Lager und schließlich ums Leben brachte. Nach seiner Rückkehr drehte Lubitsch *Angel*, seinen ersten eigenen Film nach fast

Sanya und Nicola Lubitsch

drei Jahren (abgesehen von *Desire*, das er Frank Borzage abgenommen hatte), und beendete im März 1938 mit *Bluebeard's Eighth Wife* seine Arbeit für Paramount. Den Namen der kapriziösen Heldin gab er seiner am 27. Oktober 1938 geborenen Tochter Nicola, die er abgöttisch liebte und schon im nächsten Sommer fast verlor. Sanya und Nicola, auf Verwandtenbesuch in England, wurden vom Krieg überrascht, und das Kin-

Das tapfere
Kindermädchen
Lina Strohmeyer
mit Nicola Lubitsch

dermädchen, Lina Strohmeyer, nahm mit Nicola das nächste Schiff, das dann prompt von einem deutschen U-Boot versenkt wurde. Lina hielt das Kind über Wasser, bis Hilfe kam, und Lubitsch zahlte ihr eine lebenslange Rente. Sanya bekam als Engländerin erst später eine Passage, Lubitsch flog ihr nach New York entgegen und holte sie nach Hause. «Was nach 1933 über Deutschland hereinbrach hat ihn mit großer Bitterkeit erfüllt.»[138] Daß er seinen jüdischen Glauben nicht leugnete, aber völlig privat hielt, erzählte Hanns Kräly und Billy Wilder hat es bestätigt. «Obwohl er im konventionellen Sinn nicht religiös war, hat Lubitsch doch nie etwas Wichtiges getan oder die Tagesarbeit im Studio begonnen, ohne sich eine halbe Minute Zeit für ein kurzes, stilles Gebet zu nehmen. Wenige Menschen wußten das. Er sprach auch nicht darüber.»[139] Wenig war offenbar geblieben vom fröhlichen Agnostiker, den Nichte Evy in Berlin gekannt hatte. «Blödsinn, er war genausowenig religiös wie ich.»[140] Jedenfalls war Lubitsch allein so gut wie ein ganzes Hilfskomitee. Emigranten wie die Familien von Thomas Mann, Franz Werfel, Stefan Zweig oder die

Sanya und
Ernst Lubitsch auf
einem Maskenball

des Dirigenten Bruno Walter wohnten über Wochen in seinem Garten-
haus, er holte seine weitverzweigte Familie aus Europa, verhalf Freunden
und Kollegen zu Einreisepapieren, Affidavits, Jobs und Wohnungen und
nutzte im stillen seinen beträchtlichen Einfluß. Die verwitwetete Schwester Grete und ihre Tochter gingen nach New York; Schwester Else und
Nichte Evy kamen über Meran, Zürich und Havanna ebenfalls in die
USA. Nur der Vater und der Bruder Richard, knapp fünfzigjährig, waren
schon vor der Verfolgung durch die Nazis gestorben; der Bruder übrigens
auch an einem Herzanfall. Mit Salka Viertel und Paul Kohner gründete
Lubitsch im Oktober 1939 den European Film Fund, eine Hilfsorganisa-
tion für emigrierende Künstler, «dem auch die Schriftsteller Bruno
Frank, Erika Mann, Walter Reisch, Salka Viertel und der Schauspieler
Conrad Veidt angehörten»[141]. «Er sprach nicht mehr Deutsch, aber er hatte einen Kreis von deutschen Busenfreunden: Heinz Blanke, Lothar
Mendes, Conrad Veidt, Walter Reisch. Das Haus war immer voll, besonders wenn er an einem Buch arbeitete: Autoren, Sekretärin, Scriptgirl.

Lunch für die ganze Mannschaft. Wir hatten wenig Personal: seinen Fahrer Otto, die ungarische Köchin und einen Butler, dessen Frau für mich als Zofe arbeitete.»[142] Zunächst wohnte er in Beverly Hills, neben Pola Negri, 1934 schon in seinem Bel Air Palace, 268 Bel Air Road, wo sich Herbert Marshall und John Saunders eines Abends am Pool prügelten, als Max Reinhardt sein Ehrengast war.[143] Im April 1943 trennte sich seine zweite Frau von ihm, weil sie Hollywoods Klaustrophobie nicht mehr aushielt. «Ich war sehr jung und glaubte, ausbrechen zu müssen aus dieser sehr geschlossenen Gesellschaft, wo man immer mit den gleichen Leuten verkehrte. Aber wir blieben Freunde. Als er seinen ersten Herzanfall hatte, kam ich mit unserer Tochter Nicola zurück, um ihn zu pflegen. Er stellte mir seine Freundinnen vor, und nur bei einer war ich, Nicolas wegen, nicht einverstanden. Er hat sich dann von ihr getrennt.»[144] Nicola wohnte ein halbes Jahr bei ihrer Mutter in New York und ein halbes Jahr beim Vater in Bel Air. Im Scheidungsprozeß erklärte Sanya, wie seinerzeit auch Leni, Lubitsch habe an den Werktagen ständig gearbeitet und die Sonntage schlafend im Bett verbracht. Sie erhielt 28 500 Dollar Abfindung, einen Anteil der Filmhonorare und Unterhalt für die Tochter.

Lubitsch mit Helene Thimig und Max Reinhardt 1937 in Hollywood

Die Anarchokomödien
der dreißiger Jahre

Die Komödien der verdrängten Begierden

Romance in this modern era exists in the form of a suppressed desire of the people of today.[145]

Die Komödien zeigen Leidenschaft bei modernen Menschen in der Form verdrängter Wünsche und Begierden, fördern zutage, was die Figuren in die Tiefe ihrer Psyche und ihres Unterbewußtseins verbannt haben. Es ist für Lubitsch das Ende eines Wegs, der bei der Außensicht von Typen begonnen hatte und ihn zuletzt in eine mythische Sicht des Lebens und in die pathologischen Abgründe der Seele führte, wie er sie in den Operetten und Anarchokomödien darstellte. Hier bringen ihn Neugier und Einsichten ganz in die Nähe von C. G. Jung und Sigmund Freud. Über ihren Fachjargon, ihre analytische Indiskretion und vor allem die Vorstellung, solche Abgründe seien krankhaft und bedürften der Therapie durch einen ärztlichen Spezialisten, hat er aber immer seine Witze gemacht.

Natürlich fördert der Blick in die Abgründe auch das anarchische, ja kriminelle Element ans Licht. Seine Helden werden nun Gauner, Diebe, lockere Damen, die zum Ausgleich über Manieren, Takt, Eleganz, Lebens- wie Liebeskunst verfügen. Ihre Gegenspieler sind zwanghafte Spießer, kleinlich, neurotisch, tölpelhaft, zu Lust, List und Laster gleichermaßen ungeeignet. Die Not der Zeit rechtfertigt gelegentlich den Anarchismus seiner Helden, aber das bessere Leben hat bei Lubitsch nichts zu tun mit Wirtschaft und Gesellschaftsreform, sondern in erster Linie mit Selbsterkenntnis und der Fähigkeit, mit sich und anderen umzugehen. In der einen oder anderen Form beschreiben diese Komödien alle auch Therapien; nur sind die Therapeuten immer auch die Geliebten.

Wieder drehte Lubitsch eine Vignette, die im Brennglas bündelte, was er sich unter «suppressed desires» vorstellte.

The Clerk (Der Sekretär) in dem Episodenfilm «If I Had a Million» ist

«The Clerk»: Das Büro, ein Alptraum

Charles Laughton, dem ein Gönner eine Million schenkt, ein kleiner Buchhalter, eine Ameise in einem Riesenbüro (dessen expressionistische Übersteigerung Billy Wilder in «The Apartment» wiederholte), und er zögert nicht einen Augenblick, als er sein Glück erfährt. Mit unbewegter Miene steht er auf, wandert über Treppen und durch Türen mit stets imposanteren Aufschriften, bis er zum «Chef» kommt. Wortlos geht er auf ihn zu, streckt ihm die Zunge heraus, rülpst, dreht sich um und geht. Das war es, was er sich immer gewünscht hat – nun lächelt er zufrieden. Es ist ein Stummfilm – und stumm bleibt, was sich in diesen Komödien entscheidet: Es wird den Betroffenen kaum bewußt, fast nie in Worte gefaßt. Eine Atmosphäre des traumverlorenen Wissens herrscht zwischen den Liebenden, sie blicken sich in die Augen und sehen Dinge, die der Zuschauer nur ahnt. Lubitsch ist auf der Höhe seiner indirekten Erzählweise. Objekte, Kamera, Schnitt, Ton und Konstruktion verraten, was sich unter der Oberfläche bewegt. Die beiden wichtigsten Filme, *Trouble in Paradise* und *Design for Living* stehen am Anfang, dann muß Lubitsch bei *Desire* als Produktionschef zuschauen, wie Borzage inszeniert (und kann sich nicht zurückhalten), experimentiert in *Angel* und *Bluebeard's Eighth Wife* und erlebt mit *Ninotchka* einen seiner seltenen Kassenschlager.

Gaston stiehlt Lilys Strumpfband in «Trouble in Paradise»

Close-up: «Design for Living» und «Trouble in Paradise»

Was reinen Stil angeht, so habe ich wohl nichts Besseres gemacht als TROUBLE IN PARADISE, und auch nichts gleich Gutes.[146]

Gaston Monescu (Herbert Marshall) geht in die Bank von Kairo und kommt mit der Bank von Kairo wieder heraus. Wenn er schöne Damen beklaut, ist seine Fingerfertigkeit wie höhere Liebeskunst; für ein romantisches Diner bestellt er den Mond im Champagner und einen unsichtbaren Kellner. So speist er mit Lily (Miriam Hopkins) – unter dem Tisch bestehlen sie sich wie die Raben. Zwei, die zusammengehören, haben sich gefunden, eine gute bürgerliche Gaunerehe. Die Versuchung heißt Madame Colet (Kay Francis), ist die Witwe eines Pariser Parfumfabrikanten, reich und schön, und lebt in einem Traumhaus zwischen Art déco und Bauhaus, mit einigen von Hans Dreiers eigenen Möbeln. Gaston bringt ihr eine juwelenbesetzte Abendtasche zurück, die er sie in der Oper hat «verlieren» lassen. Wir sahen sie beim Kauf: Die für 3000 Francs war ihr zu teuer, bei der für 125 000 Francs lächelte sie nur – «aber sie ist wunderschön» – und kaufte. Gaston zaubert das gleiche Lächeln auf ihr Gesicht. Er fertigt, auf russisch, einen russischen Anarchisten ab

«Design for Living»: Lubitsch mit Gary Cooper (links), Miriam Hopkins und Fredric March

und bleibt als Privatsekretär, der sich vom Lippenstift bis zur Diät um Mariette kümmert. Natürlich hat sie einfach große Lust auf ihn – und er auf sie, nicht auf den Safe, den er der eifersüchtigen Lily als ehrliches Gangstermotiv für sein Bleiben nennt. Gaston, ganz Herr der Situation, leidet wie ein Hund zwischen zwei Freßnäpfen. Lily bringt es auf den Punkt: ehrbarer Dieb oder verächtlicher Gigolo. «I want to make it tough for you», haucht Mariette – und geht allein aus. Schließlich riecht ein Dieb den anderen: Der Vorsitzende des Aufsichtsrats entdeckt Gastons Vergangenheit, Gaston dessen falsche Bilanzen; zuletzt geht er doch lieber mit Lily, mit viel Geld, den Perlen und der Tasche als Souvenir. «Es wäre wunderbar gewesen», aber es ist so stillos, sich nach einer Liebesnacht von der Polizei wecken zu lassen. Das kann er Mariette nicht antun – und sich schon gar nicht. Ein Film des schlafwandlerischen Einverständnisses. Keiner, auch nicht Lily, weiß genau, was Gaston und Mariette tun, wenn die Kamera nicht hinsieht, und wenn sie's tut, sehen sie sich an, als seien sie ohnehin miteinander im Bett. Uhren, Kartoffeln, Barschecks, eingetunkte Croissants, ein Butler, der die Brauen hochzieht, weil die Leute aus den falschen Türen kommen, all das sind wichtige Indizien – wenn man nur genau wüßte wofür. Jedenfalls genießt Mariette die perverse Lust, von Gaston beraubt zu werden, Gaston die, es nicht zu tun.

Als er Noël Cowards DESIGN FOR LIVING bearbeitete, seufzte Lubitsch: *Ach! Im Theater gibt es soviel leeres Geschwätz. Hollywood weiß, wie langweilig unnötiger Dialog ist.*[147] Sprach's, übernahm eine einzige Zeile aus dem Original und wählte Miriam Hopkins für das Rätsel Gilda. *Miriam ist eine sehr komplexe und faszinierende Person, der Typ einer unwiderstehlichen Sirene. Sie sieht so kindlich aus, und darum ahnt man nicht, daß sie leidenschaftlich sein kann wie ein Tiger. Sie ist gerne für sich, liebt ihre Bücher, ihre Einsamkeit. In ihrem Spiel gibt es keinen falschen, unechten Ton. Sie kann alles empfinden, was sie spielt.*[148] Sie erfindet das «Lebensmodell», eine analytische Versuchsanordnung für den Umgang mit «suppressed desires». Das Experiment der drei Amerikaner in Paris

«Design for Living»: Genaue Beobachtung am lebenden Objekt als Grundlage von Kunst und Liebe

könnte Pierre Marivaux erfunden haben. Vernunft und Leidenschaft, Freiheit und Freundschaft ins Gleichgewicht zu bringen, damit zwei Freunde mit einer Frau leben können, die sie beide lieben und die sie liebt. Sie versuchen es mit einem Gentlemen's Agreement und sind künstlerisch (und finanziell) so erfolgreich wie nie zuvor; aber in der Tiefe ihres Herzens sind sie keine Gentlemen. So kommt der Moment, wo sie ihre Wünsche zulassen. Zuerst lebt Gilda nun mit Tom, dann wird sie bei George schwach. Wut, Eifersucht, Trennung: aber George besteht auf der richtigen Form, nicht in einer Farce, sondern in einer «sophisticated comedy» will er sich streiten: «So ist jeder glücklich.» Gilda betrachtet ihr Modell als gescheitert und heiratet Max Plunkett, den Besitzer einer Werbeagentur, puritanischer Ideale, einer neuenglischen Mutter und eines anstrengenden Kreises von Geschäftsfreunden. Am Hochzeitsabend stellt er den Wecker für einen Geschäftstermin am nächsten Morgen, und Gilda avanciert zur Gastgeberin für Strump & Egelbaur. Lubitsch zeigt die hirnlosen Gesellschaftsspiele dieser Bürger als Vergewaltigung einer intelligenten Frau, Geschäftsleben als Prostitution. Zuletzt kommen ihr Tom und George aus China zu Hilfe und entführen sie im Taxi, zu schöpferischer Gemeinsamkeit und – «natürlich, keinem Sex!» Der Zensor glaubte es, Bischof Gallagher nicht; er verbot den Film am 13. Mai 1934 für die Mitglieder der Legion of Decency.

Unmöglich, zu beschreiben, mit welcher Meisterschaft Lubitsch hier gleich auf zwei Ebenen rein filmisch erzählt. Einmal war das «Lebensmodell» natürlich bloß metaphorisch durch die Zensur zu bringen: Gilda redet von Hüten, wenn sie zwei Männer meint, zwei Frühstückseier und der Smoking vom Vorabend signalisieren eine Liebesnacht, zwei Tulpen in einem Topf das, was Max Plunkett kaum verspricht, und wenn er sie dann im Schlafanzug zur Seite tritt, auch nicht gehalten hat. Aber das Lebensmodell und die brodelnden Widerstände wären in Worten ohnehin kaum erklärbar. Ihre Körper, ihre Träume, ihre Dinge wissen genauer, was sie wollen, als es die drei formulieren können.

Die Schreibmaschine klingelt, wenn Gilda sie berührt, und dann klingelt es auch bei Tom. George braucht ein sauberes Hemd, aber der verschlissene Stoff platzt ihm über der Brust, als Gilda kommt. Tom und George streiten sich im traulichen Rahmen eines Pariser Dachfensters und bleiben natürlich Freunde. Gilda wirft sich, zur Entsagung bereit, aufs Sofa: «Ich bin so unglücklich!»; der Staub von Jahrzehnten wirbelt auf, und die beiden Männer sind fasziniert – von der Energie ihrer lasziven Einladung. Ihr Bewegungsdrang hält sie nicht im Zugabteil: Auf dem Bahnsteig rennen sie auf und ab, springen auf, als der Zug wieder losfährt. Es ist ein Film über den Ausgleich des Unbewußten mit der Vernunft durch Zivilisation – und Kunst. Tom ist ein Autor wie Lubitsch: Was er genau beobachtet, bringt er mit detaillierten Regieanweisungen auf die Bühne und – siehe da! – selbst Plunkett muß über seine eigenen

«Desire»: Frank Borzage schaut melancholisch in die Dekoration,
während Lubitsch ihm die Regie abnimmt und Marlene Dietrich und
Gary Cooper Anweisungen erteilt

puritanischen Sentenzen lachen, wenn er sie auf der Bühne von seinem Doppelgänger hört. Als Tom sie erlebte, waren sie nicht so komisch. Tom macht «high-class comedy» aus der «low farce» des Lebens, und wenn George nicht mitmacht, jammert er, noch k. o. am Boden: «Langweilig, einfach langweilig!» Genau so hat Ben Hecht den Autor Lubitsch zitiert.

Die Filme

Daß er Sanya kennenlernte, als sie ihm das Buch verkaufte, blieb für Lubitsch das Beste an *Desire*. Er besetzte, schrieb am Script, machte Nachaufnahmen und redete Borzage drein, weil er als Produktionschef nicht selber Regie führen durfte. Marlene Dietrich debütierte in einer komischen Rolle, und Lubitsch setzte sie gleich wieder ein in *Angel*, obwohl er sie für keine besonders gute Schauspielerin hielt. In beiden Filmen spielte sie Frauen mit zweifelhafter Vergangenheit und untadeliger Garderobe. *Desire* beginnt als hinreißende Gaunerkomödie, wenn die Dietrich einen Juwelier und einen Psychotherapeuten aufs Kreuz legt und mit Perlencollier, Pokerface und Gary Cooper im Schlepptau nach Spanien entwischt. Dann aber macht die Liebe eine ehrbare Frau aus ihr, und sie riskiert Kopf und Kragen für das Privileg, in Detroit die Hausfrau ihres kleinen Ingenieurs zu werden. Borzage gelang es, ein Lubitsch-Buch mit einer erbaulichen Moralpredigt zu beenden, brav aufgesagt von Gary Cooper, kein Wort filmisch umgesetzt. *Desire* ist weniger ein Beispiel für «suppressed desires» als für die «vergessene Kamera».

Mit ANGEL, 1937, kehrte er nach drei Jahren zur Regie zurück. *Das Stück von M. Lengyel mußte völlig umgeschrieben werden, denn wirkliche Mühe machte der Charakter des Ehemannes. Wir mußten ihn als charmanten Egoisten zeigen, der durchaus wußte, daß er seine Frau vernachlässigte, aber dachte, das mache nichts. Herbert Marshall glaubt man trotz seiner Egozentrik den Charme und den bedeutenden englischen Staatsmann. Wir mußten sehr manövrieren, um der Frau die Sympathien zu erhalten. Sie mußte heiter bleiben und durfte sich nicht beklagen. Hätte sie sich nur einmal beklagt, hätte das alles verdorben.*[149]

Lubitsch umging souverän die Zensur, weil er nie aussprach, was er zeigte. Lady Barker, die Frau eines hohen britischen Diplomaten, hat einmal in einem Pariser Nobelbordell gearbeitet. Als ihr Mann sie vernachlässigt, fährt sie wieder dorthin und hat ein Abenteuer mit einem anderen Mann. Der besucht Lord Barker, erkennt die Lady als seine Angel und entpuppt sich überdies als jener Soldat, der schon in der französischen Etappe mit Lord Barker eine Frau geteilt hat. Der Ehemann entdeckt die Affäre – und will sie vergessen, wenn die Lady das gleiche tut. Man kann sich ausrechnen, wie andere Regisseure das in Dialog und Handlung umgesetzt hätten. Bei Lubitsch wird es zu einem extremen

«Angel»: Herbert Marshall und Melvyn Douglas begegnen sich im Salon von Sir Frederick

Experiment des Verschweigens. Die einzigen Krisen, von denen exzessiv die Rede ist, sind die des Völkerbunds. Wir sehen eine unnahbare Schöne, die sich nie beklagt und, was immer sie tut, nie ihren Gesichtsausdruck verändert. Aber das gilt auch für Lord Barker. Eine Melodie am Telefon verrät ihm, was zwischen Maria und Tony war, doch er verzieht keine Miene; Tony erkennt Maria, ehe er sie begrüßt, auf einem Foto in Lord Barkers Haus, aber die Kamera zeigt uns weder sein Gesicht noch das gemeinsame Essen, nur zwei Schnitzel, die unberührt oder zerschnipselt sind. Leider bleibt der Zuschauer so bis zum Schluß im Zweifel, ob sich hinter Lord und Lady Barkers grandioser Selbstbeherrschung Leidenschaft verbirgt – oder nur Anämie, wie bei ihrem Butler. Der Schluß rehabilitiert beide: Maria warnt den Lord, durch die Tür zu gehen, denn ob er Angel nun dahinter findet oder nicht, in jedem Fall muß sie ihn verlassen. Zum erstenmal weicht er einem Konflikt nicht aus, geht hinaus – und kommt mit einer dritten Lösung zurück. Er hat sich von Angel verabschiedet, und das müsse seine Frau auch tun, wenn sie mit ihm in die – so oft verschobenen – zweiten Flitterwochen fahren will. Er geht, sie folgt ihm, beide verschlossen wie Panzerschränke. Der Film

111

Lubitsch, hier bei den Dreharbeiten zu «Angel», beurteilte
Marlene Dietrichs schauspielerische Qualitäten eher skeptisch

wurde so kühl aufgenommen, wie er ist – und Lubitsch versuchte etwas
anderes.

BLUEBEARD'S EIGHTH WIFE nach Alfred Savoirs «La huitième femme
de Barbe-Bleu» nannte er *eine Art geistiger Slapstick* [150], tatsächlich ist es
sein Flirt mit dem seit Capras «It Happened One Night» so erfolgreichen
Screwball-Genre.

Es ist die Geschichte einer armen Französin, die sich entscheiden soll,

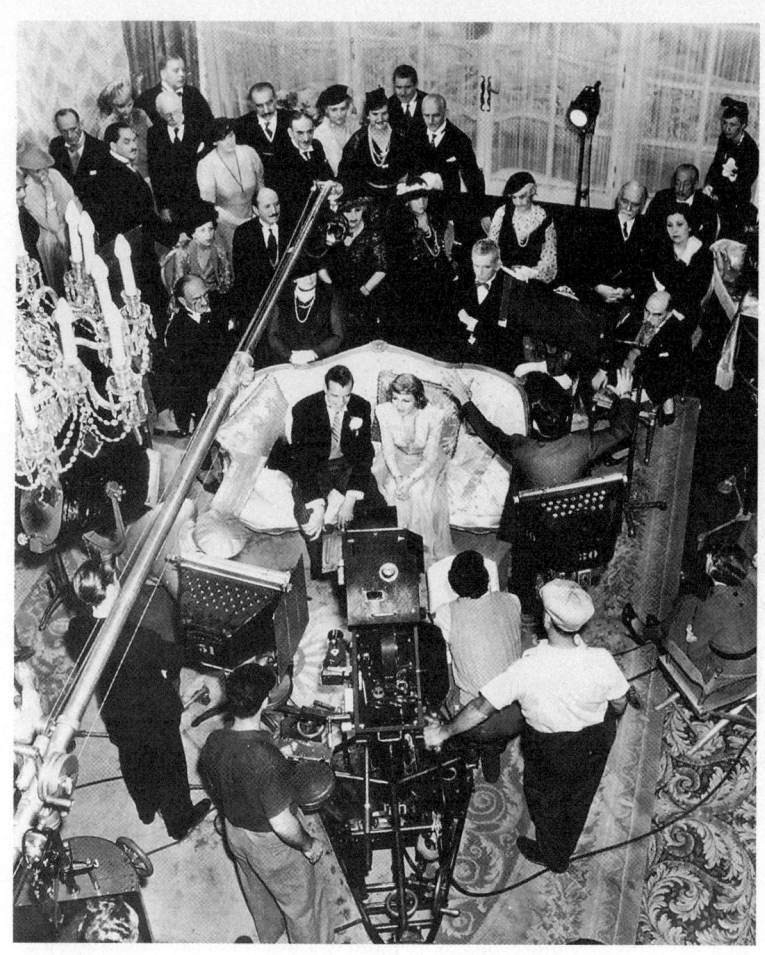

«Bluebeard's Eighth Wife»: Lubitsch dirigiert die Handlung

ob sie die achte Frau eines amerikanischen Millionärs werden will, der schon vorher festlegt, welche Abfindung sie erhält, wenn er sie wieder satt hat. Dummerweise hat er ihr schon gefallen, als sie ihn noch für einen ganz normalen Exzentriker hielt, und wenn schon, dann soll er mit ihr so «verheiratet sein, wie er noch nie verheiratet war». Auch sie will keine Fifi auf Abruf sein, sondern eine gleichberechtigte Partnerin, sie treibt ihn mit psychologischen Slapstick-Waffen in die bedingungslose Kapitula-

«Bluebeard's Eighth Wife»: Claudette Colbert hat Gary Cooper
in der Zwangsjacke, das Happy-End naht

tion. Wenn sie nur ein paar Wochen «nett» zu ihm wäre, würde er sich ja
sowieso scheiden lassen, meint Gary Cooper, aber sie ist nicht eine einzige Nacht «nett» zu ihm; selbst als er sie unter Alkohol setzt, kaut sie noch
schnell eine Handvoll Zwiebeln, gegen die er allergisch ist. Erst als sie ihn
in der Zwangsjacke hat, macht sie ihm eine Liebeserklärung. Leider ist
die Zensur inzwischen so eng, daß Lubitsch die massive sexuelle Frustra-
tion des Ehemanns nur andeuten kann. Nicole treibt ihrem Millionär die
Männlichkeitsrituale aus, und zwar mit Vernunft und Courage. Dabei
wäre sie so gerne «nett» zu ihm; aber er sucht ja schon lange eine Frau,
die ihn endlich einmal schlecht behandelt. Lubitsch hatte in Berlin zu er-
folgreiche Screwball-Komödien gedreht, um sie in Hollywood zu wiederholen. Der Film war ein Flop; doch das lag weder an den Autoren – Charles Brackett und Billy Wilder – noch an der Hauptdarstellerin Claudette
Colbert. Gleich anschließend gelang ihnen unter der Regie von Mitchell
Leisen eine richtige «screwball comedy» – «Midnight» –, und sie landeten
einen Kassenschlager.

Blicken wir zurück auf Lubitsch in den dreißiger Jahren. 1930 scheiterte
seine erste Ehe – sein privates Pendant zum Börsenkrach, bei dem er wenig Geld verlor, weil er nie spekulierte oder viel Interesse zeigte, es anzu-
legen. Dafür verlor er seine Frau, für die er ebensowenig Zeit hatte wie
für Spekulationen. Sehr glücklich kann er nicht gewesen sein – und drehte

doch Musikfilme über ein metaphysisches Glück, rauschhaft, todesverliebt; im Wechsel mit Komödien über das Abgründige, Kriminelle unserer Leidenschaften und den Genuß, sich darauf einzulassen; und einen alptraumhaften Film über ungelebtes Leben. War das seine eigene Angst? Er ist ständig in Bewegung, überarbeitet, in seinem Haus gibt es einen Keller mit Sportgeräten, und überall stehen Klaviere, man liebt ihn als Entertainer. Wenn europäische Politiker, Künstler, Literaten, Sportler nach Hollywood kommen, sind sie seine Gäste, er gehört zu dem, was man in Hollywood «royalty» nennt. Bei Lubitsch und bei Jannings sind alle Deutschen willkommen, noch sind sie Gäste, keine Emigranten. Zu Hause werden die Kritiken mißgünstiger, stets wirft man ihm vor, er passe sich an den (schlechten) amerikanischen Geschmack an. Er bekommt den Orden der französischen Ehrenlegion; Lenis Kinder aus erster Ehe, die er hatte ausbilden lassen, kehren nach Deutschland zurück, weil sie nicht als die Kinder eines Juden gelten wollen.

Lubitsch als Autor: Sonden in die Tiefen des Unbewußten

Lubitsch experimentierte und holte sich neue Autoren zu den bewährten, wie Samson Raphaelson, der ihm Kräly ersetzte und ihn von *The Smiling Lieutenant* bis zum letzten Film begeitete. In seinen eigenen Stücken schuf Raphaelson, «eine vergängliche Welt der durchkomponierten Eleganz [...], einen Traum vom High Life, in dem die Liebenden witzig, schmalhüftig und wortgewandt sind»[151]. Lubitsch aber provozierte ihn zu Albernheit und Frivolität, nahm ihm die Literatenbürde, «etwas sagen zu müssen»[152]. Von Paramount kamen Billy Wilder und Charles Brackett. «Brackett war ein ruhiger, freundlicher Herr, vierzehn Jahre älter, höflich und gut erzogen. Billy war rüde und taktlos, Brackett kam aus der reichen New Yorker Oberschicht, sein Vater war Syndikus und Senator; wie seine Familie war er konservativer Republikaner, Jurist und Harvard-Absolvent. Niemand konnte begreifen, warum dieser Viktorianer mit Billy Wilder so gut zusammenarbeiten konnte.»[153] Wilder war einer von 104 Vertragsautoren bei Paramount, als man ihn mit Brackett zusammenspannte, zuerst für *Bluebeard's Eighth Wife* (Juli 1936 bis November 1937), dann für *Ninotchka*. Der Flüchtling aus Berlin liebte und bewunderte Lubitsch und erklärt noch heute, er habe alles von ihm gelernt. Ben Hecht, der tolle Hecht, Journalist und Autor aus Chicago und am Broadway, reduzierte Noël Coward auf einen Trinkspruch und sah Lubitsch mit spitzer Feder beim Schreiben zu: «Herr Lubitsch ist nicht sehr groß. Er hat ein interessantes Gesicht mit dem finster-spöttischen Grinsen eines Gläubigers. Er neigt seinen Kopf immer etwas sarkastisch nach rechts. Seine Augen sind tieftragisch, sein Mund hat etwas von einem Kobold. Er raucht immer eine Zigarre, die teuer aussieht, es aber nicht ist. Herr Lubitsch tanzt gern. [...] Wenn Herr Lubitsch die kleinen delikaten ‹touches› erfindet, für die er berühmt ist, pflegt er im Raum herumzutanzen wie ein altmodischer Rollschuhläufer. Er macht Pirouetten, Sprünge und ‹battements›, er schreit und bricht in Tränen aus, wenn man ihm widerspricht. Wenn ihm eine Zeile (oder eine halbe Zeile oder eine Aktion) nicht gefällt, die man ihm vorschlägt, wird er krank und legt sich ins Bett. Sein Koboldgesicht ist ganz Vorwurf, und er wirft sich manchmal stundenlang im Bett herum und stöhnt: *Fad, fad, sehr fad, schrecklich fad. Taugt nichts, Ben. Schrecklich. Oh, fad. Schrecklich fad.* [...] Wenn Herr Lubitsch Szenen schreibt, spielt er sie immer aus, als wären sie für Kalliope geschrieben. Er übernimmt alle Rollen, ohne Ansehen des Geschlechts oder des Charakters. [...]

Woran ich mich vor allem erinnere aus unserer gemeinsamen Arbeit, das ist seine Bescheidenheit. Er ist sehr bescheiden, aber stur. Ich merkte, daß man nur schweigen und ihn ruhig ansehen mußte, wenn er etwas sagte, was man nicht billigte, und er brach zusammen und verwünschte sich selber. Im ganzen halte ich Herrn Lubitsch für den besten Filmregisseur. Nach unserer gemeinsamen Arbeit hatte ich den Eindruck, daß er mir etwas ganz Wesentliches über den Film beigebracht hat. Was genau, weiß ich nicht mehr, vielleicht wie man Filme schreibt.»[154]

In den dreißiger Jahren war Lubitsch auf der Höhe seiner Kunst des indirekten, filmisch-poetischen Ausdrucks. Er hatte sich ein wunderbares Instrument für die Durchleuchtung sprachlos-unbewußter Abgründe der Seele geschaffen, und es muß ihn verdrossen haben, daß man es auf den Lubitsch-Touch, das heißt auf unzensierbare, erotische Animation verkürzte, obwohl ihn der Ruf eines High-class-Pornographen vielleicht vor einem folgenschweren kommerziellen Debakel bewahrt hat. Mindestens genauso gern wie Erotisches durchleuchtete er ja auch Dienstverhältnisse und Abhängigkeiten: Butler, Zofen, Diener, Geschäftsleute, Angestellte und ihre Herrschaften, Chefs, Kunden; oder Freundschaften, zwischen Loyalität und Verrat; oder alltäglichen Haß, Mechanismen der Unterdrückung und Heuchelei. Man sollte genauer hinsehen, wo Lubitsch die Sonde seines «Touch» ansetzt.

Es begann in den amerikanischen Stummfilmen als augenzwinkerndes Einverständnis mit dem Zuschauer über unbewußte oder uneingestandene Motive seiner amourösen Helden und Heldinnen. Es vertieft sich in den Operettenfilmen und Anarchokomödien zu einer tiefenpsychologischen, ja metaphysischen Perspektive: Welche Leidenschaften erwachsen aus unseren verdrängten Begierden, und was ist Glück, was ist Liebe im Angesicht des Todes? Jetzt waren die Zuschauer oft in der gleichen Lage wie die Figuren: Wo es um Archetypen und um die Tiefe eines individuellen Unbewußten geht, müssen auch sie erfahren, daß man manches nie genau weiß, weder von sich selber noch vom anderen. Leider genügte es vielen, den Figuren unter die Wäsche zu schauen, auf ihre Seele waren sie dann nicht mehr neugierig.

Mit *Ninotchka* verlor Lubitsch das ausschließliche Interesse am Innenleben seiner Figuren, ihre Bedrohung von außen wurde ihm wichtiger. Damit verschob sich auch die Balance zwischen seinen wichtigsten Mitteln, die zusammen erst den Lubitsch-Touch ergaben, dem Bild und der Erzählung.

Man registriert bei Lubitsch immer zuerst die Bilder, die so konzentriert informieren, daß er es sich leisten konnte, einen Film mit französischem (*Design for Living*) oder italienischem (*Trouble in Paradise*) Dialog zu beginnen, eine Dinnerparty ins Ungarische wechseln zu lassen (*That Uncertain Feeling*). Das war nicht nur Handwerk, es war auch Thema seiner Filme in den dreißiger Jahren. Wenn eine Figur ihr Leben radikal ändert, argumentiert, erklärt sie nicht. Räume, Musik, Choreographie, der Schnitt der Bilder, das Licht – alles ist glaubwürdiger als eine Zeile Dialog. Gründe, die man nennen kann, sind nie die eigentlichen. Metaphysische oder tiefenpsychologische Erfahrungen der Figuren liegen konsequent auf einer nichtsprachlichen Ebene. Dabei war Lubitsch ein exzellenter Autor, wie seine zweite Frau, Sanya, erzählt: «Seine Drehbücher enthalten keinen Satz, den er nicht ausdrücklich wollte. Er sagte nur, *das klingt nicht richtig*, und dann arbeiteten sie so lange, bis er fand, es klinge richtig. Er hatte einen starken Akzent, aber eine stupende Beherrschung der englischen Sprache im Wortschatz und in allen stilistischen Nuancen. Er war besser als jeder professionelle Drehbuchautor, ein wunderbarer Schriftsteller.»[155]

In den vierziger Jahren aber, ab *Ninotchka*, rückt die erzählerische Erfindung in den Vordergrund, treten die Bilder zurück. Die Auseinandersetzung mit der Gesellschaft kann nicht wortlos bleiben, ist immer auch argumentativ und findet ihren Niederschlag vor allem in der Struktur der Handlung; und darin war Lubitsch ebenso unübertrefflich wie in seiner Bilderfindung.

Billy Wilder stellt Filmstudenten gern eine Aufgabe aus *The Merry Widow*: Wie findet der König heraus, daß ihn die Königin betrügt? Niemand wäre je auf Lubitschs Lösung gekommen. «Und es war immer wieder überwältigend mitzuerleben, was dem Mann da spontan so alles einfiel. Der hat ein ganz anderes Gehirn gehabt als gewöhnliche Menschen!»[156]

Lubitsch war beispielsweise berühmt für seine Anfänge nach dem Muster: 1. Gib dem Zuschauer ein Rätsel, 2. Führe unverzüglich ins Zentrum der Handlung, 3. Mache einen guten Witz. Hier sind einige seiner Lösungen: scheinbarer Selbstmord (*One Hour With You*); ein Scheich, der seine Odaliske erdolcht, aber nur ein müder Tänzer ist (*So This Is Paris*); der hochadlige Hochzeitszug im Platzregen, während die Braut in Unterrock und Pelzmantel auf den Riviera-Express aufspringt und vom Schaffner wissen will, wohin sie fahren soll (*Monte Carlo*); eine Französin kauft Pyjamahosen, die ein amerikanischer Tourist nicht haben will, und verrät ihm eine sichere Einschlafmethode (*Bluebeard's Eighth Wife*); ein Müll-Gondoliere mit Carusos Stimme, ein eleganter Kletterer über Palazzo-Fassaden und ein bewußtloses Opfer (*Trouble in Paradise*). In den dreißiger Jahren kommt eine neue Aufgabe dazu: 4. Finde eine Chiffre für die tiefenpsychologische Problematik!

Daß Nicole Blaubarts Hosen kauft und sich anbietet, seine Schlaflosigkeit intellektuell zu kurieren, führt ebenso ins Zentrum der «suppressed desires» wie Gräfin Maras Zugfahrt in Unterkleidern – ein klassisches Traumbild –, ihr Bräutigam im Regen, der Liebhaber, der ihr die Haare schneidet – Samson einmal als Dalilah.

Mit *Ninotchka* ändert sich die Aufgabe erneut: Die Anfänge sind nun strukturelle Entwürfe von These und Antithese des Films. Eine Exposition beginnt als Gestapoverhör und geht als Probe in einem Warschauer Theater zu Ende. Henry van Cleve fordert am Höllentor stolz-bescheiden den Lohn seiner Schürzenjägerei, und der Teufel persönlich muß über den Wert dieses trivialen Lebens entscheiden, daß in den Himmel darf, wer auf Erden viele Frauen (und vor allem sich selber) glücklich gemacht hat. *Ninotchka* beginnt mit einer Drehtür, einem modernen Rad der Fortuna, das arme und verwirrte Genossen ins teure Hotel dreht und gleich wieder hinausbefördert; *The Shop Around the Corner* etabliert ein Drinnen und Draußen, Menschen, die sich vor Gittern sammeln und warten, in den kleinen Raum eingelassen zu werden, der ihnen für den Rest des Films Geborgenheit und Platzangst bereitet.

Überhaupt werden die Räume enger, der Rhythmus des Schnitts, das Auge der Kamera suggerieren nicht mehr Souveränität, sondern Bedrängnis durch groteske Machtrituale.

Es kann kein Zufall sein, daß diese Wende 1939 einsetzt. Sigmund Freud war im Exil, und Psychopathen ließen sich nicht therapieren, sondern trieben ganze Völker in Massenwahn und Untergang. Lubitsch, diskret wie immer, erklärte sein neues Interesse handwerklich, nicht philosophisch: *Man braucht immer neue Ideen, neue Tricks, um das Interesse des Publikums zu halten, neue Methoden, um ihnen eine Aussage zu vermitteln.*[157] Unverrückt blieb nur sein Ideal: [...] *eine charakteristische Leichtigkeit, Schnelligkeit und Genauigkeit, um die ich mich immer bemüht habe; die zuletzt auf Einfachheit hinausläuft und sehr oft das Ergebnis langer, mühseliger Arbeit ist. [...] Anfangs könnte so eine Szene eine Stunde spielen, aber man muß sie auf Sekunden, auf einige wirkungsvolle Gesten und Ausdrücke, wenige Worte und Zeichen kürzen, um den Gedanken schnell, klar und bestimmt zu vermitteln. Das ist das Entscheidende beim Drama, nicht nur bei der Komödie.*[158]

Moderne Märchen
und schwarze Idyllen

Die tödlichen Rituale des Alltags
und die kleinen Leute: «The Shop Around
the Corner» und «The Man I Killed»

Nach dem Mißerfolg von *Bluebeard's Eighth Wife* verließ Lubitsch Paramount und entdeckte den Alltag – in Budapest. Er brachte Raphaelson
Nestroy bei. *Was menschliche Komödie angeht, so war ich wohl nie so gut
wie in «The Shop Around the Corner». Ich habe nie einen Film gemacht,
in dem die Atmosphäre und die Gestalten authentischer gewesen wären als
in diesem Film.*[159] Atmosphäre hieß aber nicht mehr impressionistische
Stimmung oder Lokalkolorit, sondern Analyse der alltäglichen Rituale
der Macht und Unterdrückung.

*Ich habe so ein Geschäft in Budapest gekannt. Das Gefühl zwischen dem
Chef und denen, die für ihn arbeiten, ist auf der ganzen Welt ziemlich das
gleiche. Jeder hat davor Angst, seine Arbeit zu verlieren, und jeder weiß,
wie sie unter den kleinen Sorgen leidet, die wir haben. […] Ich war sehr
froh, Jimmy Stewart für die Hauptrolle zu haben, weil er mir als Idealbeset-
zung vorschwebte, als wir den Film schrieben. Er ist ein Instinktschauspie-
ler, das Gegenteil eines Matinee-Idols, und das Publikum liebt ihn gerade,
weil er nicht hübsch und gewandt ist.*[160] 1938, aus der Arbeit an *Heaven Can
Wait*, berichtete Raphaelson, daß Lubitsch nun Geschichten einfach und
geradewegs erzählen wolle, ganz ohne «touch». Dies sollte so bleiben bis
zu seinem Tod. Er zeigte, wie Machtrituale entstehen, wie sie wirken und
was sie anrichten, im großen, politischen Rahmen – *Ninotchka, To Be or
Not To Be* – oder im kleinbürgerlichen Alltag – *The Shop Around the
Corner, Cluny Brown* – und nicht selten in einer Mischung aus beidem.

The Shop Around the Corner, das Lubitsch so schätzte, ist ein gutes
Beispiel für die damit verbundenen Änderungen im Filmischen und in
der Erzählung. Herr Matuschek verkauft Lederwaren, Feuerzeuge und
Zigarettendosen, die «Otschi Tschornyja» spielen. Er führt sein Geschäft

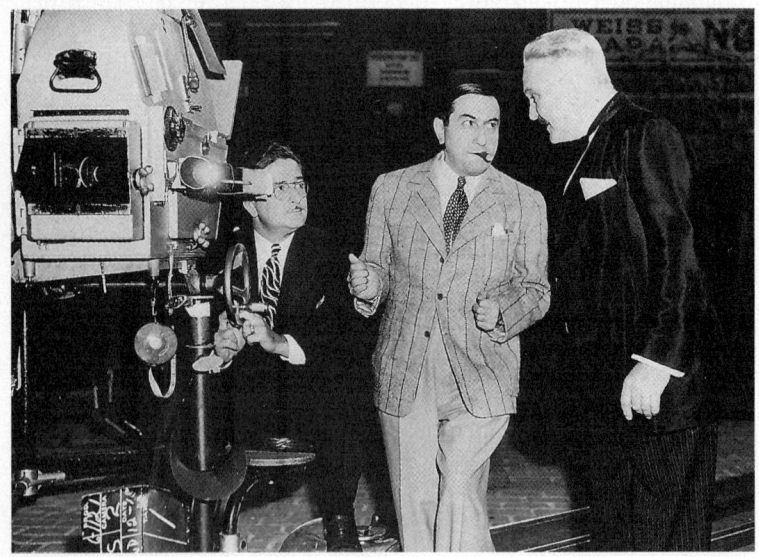

Margaret Sullavan und James Stewart mit Lubitsch bei Proben zu
«The Shop Around the Corner»

«The Shop Around the Corner»: Lubitsch zeigt Frank Morgan ein Tänzchen

als Patriarch, und Herr Kralik ist nicht nur sein erster Verkäufer und designierter Nachfolger, er ist auch fast ein Sohn, den er eifersüchtig als Rivalen beobachtet, im Geschäft und nach anonymen Briefen sogar bei seiner Frau, die «nicht mit ihm alt werden will». Kralik kündigt tiefbetrübt, Matuschek wird vom Lehrbuben Pepi im letzten Augenblick daran gehindert, sich zu erschießen. Schließlich wird das Betriebsekel als Frau Matuscheks Verführer entlarvt, und alle feiern glückliche Weihnachten. Parallel dazu läuft die seltsame und komplizierte Liebesgeschichte zwischen Kralik und Klara Novak. Sie haben sich über eine Annonce als anonyme Briefpartner gefunden, und während sie sich im Geschäft, wegen der «lächerlichen Sorgen des Alltags», ständig streiten, tauschen sie mit dem unbekannten «guten Freund» nur hohe Ideale aus. Beide sind hingerissen und verliebt – in eine Seele. Klara und Kralik, die Jungen, sind die einzigen, die Ideale für möglich halten, die den Mund aufmachen und ihre Meinung sagen – und sich damit furchtbar auf die Nerven gehen. Kleinlaut gestehen sie später, daß man sich gar nicht die Zeit für die Seele des Nachbarn nehme. Man kann die eigenen Ideale nicht leben und hindert auch den anderen daran. Die Unfähigkeit zu Vertrauen, Lob und Güte, die Angst, im Alltag zu unterliegen, schaffen die Tyrannen. Lubitsch nannte dies zu Recht ein universelles Thema und eine einfache Geschichte.

Die Ängste der kleinen Leute und ihre Klaustrophobie waren aber nicht nur das Thema, sondern auch eine technische Herausforderung. James Stewart betonte im Gespräch, wie schwierig es war, den Film fast ausschließlich in einem kleinen Geschäft spielen zu lassen. Aber Lubitsch bevorzugte jetzt solche Räume, Füße, die über Wendeltreppen enteilen, Köpfe, die sich tuschelnd hinter Stapeln und Regale ducken. Kein Wort bleibt privat; Matuscheks Probleme haben auch damit zu tun, daß jeder Zeuge seiner Positionskämpfe mit Kralik wird. Die Handlung dreht die Schraube in Wiederholungen immer fester. Die Mißverständnisse verlaufen mit vorhersehbarer Mechanik, werden verletzender mit jeder neuen Runde, eingeläutet durch Matuscheks unseliges «Ich möchte Ihre ehrliche Meinung».

Vieles, was er nun anwandte, hatte Lubitsch schon 1932 bei seinem einzigen Mißgriff gelernt, THE MAN I KILLED, nach Maurice Rostands Tragödie eines jungen Franzosen, der im Schützengraben einen Deutschen mit dem Bajonett ersticht und mit seinem Schuldgefühl im kollektiven Mordrausch des Kriegs kein Verständnis findet. Ein Priester rät ihm, die Familie des Toten zu besuchen, wo er sich als Freund des Toten ausgibt und am Ende dessen Stelle bei den Eltern und der Verlobten einnehmen muß. Lubitsch zeigte mörderische Rituale, die einen Menschen zerbrechen, aber es war kein Antikriegsfilm. Dr. Hölderlin, der Vater, klagt seine Stammtischbrüder an, ihre Söhne in den Tod zu schicken und sich über den Tod von Kindern anderer Leute zu freuen. «Ich bin hier gestanden, als mein Sohn in den Krieg zog – und ich habe gejubelt.» Die Väter be-

Dreharbeiten zu «The Man I Killed»

Junge Männer in der Falle: Lionel Barrymore und Phillips Holmes
in «The Man I Killed» und
Ramón Novarro zwischen den Ministern in «The Student Prince in
Old Heidelberg»

mächtigen sich der Jungen und bringen sie um ihr Leben, und die Jungen sind zu schwach, sich zu wehren. Das ist sehr nahe an *The Student Prince in Old Heidelberg*. Paul, der Franzose, protestiert gegen das mörderisch-verlogene Ritual und erliegt ihm doch selber, wenn er sich von den Hölderlins vereinnahmen läßt. Am Ende sitzt er in der Falle wie schon Prinz Karl-Heinrich. Das Studio war entsetzt über die Bilder dieser Schlußszene: Philips Holmes hatte den Ausdruck eines gefangenen Tieres. Man holte ihn aus New York zu Nachaufnahmen – es nützte wenig. Lubitsch hatte keinen Film über den Krieg gedreht, sondern über Rituale, die Menschen um ihr Leben bringen. Der Film mißglückte, weil er sein Thema verleugnete und mit ungewohnter Geschwätzigkeit falsche Fährten legte. Pauls Leben in der Lüge erwies sich dann auch noch als Bumerang für die pazifistische Idee, denn wo die Pazifisten so schwach sind, besteht wahrlich wenig Hoffnung für den Frieden der Welt. Einige Jahre später drehte Lubitsch ernsthafte Komödien über die tödlichen Rituale des Alltags.

Die letzten Filme

NINOTCHKA, noch 1939 für MGM gedreht, war der Preis dafür, daß das Studio auch *Heaven Can Wait* übernahm. Sie wollten Lubitsch für die Garbo, hatten auch schon die Idee, und Brackett und Wilder machten sich an die Arbeit. Lubitsch ließ die Garbo als Todesengel von strahlendem Idealismus und tiefer Melancholie auftreten: «Ihr Typ wird bald ausgestorben sein!» – «Wie kann eine Zivilisation überleben, wo sich Frauen solche Sachen auf den Kopf setzen dürfen? – Es dauert nicht mehr lange, Genossen!» Sie nimmt sich selbst nicht aus: «Wer bin ich denn, daß ich das russische Volk sieben Kühe kosten sollte!» Dagegen hilft nur die Solidarität der Genossen Buljanoff, Iranoff und Kopalski, die über dem schönen Pariser Leben vergessen haben, die Juwelen der Großfürstin Swana zu verkaufen. Es gelingt dem Grafen Léon, Ninotchkas Lebens- und Liebeslust zu wecken, und ohne daß sie dem Kommunismus direkt abschwört, möchte sie doch ein eigenes Leben und wird es kaum bekommen: Paris hat Musik im Radio, das bessere Klima, schöne Wäsche, Moskau die richtige Philosophie und keine Privatsphäre. Die neue Ninotchka ist albern, trägt irre Hüte und betrinkt sich auf Bällen. Léon dagegen macht die Liebe vernünftig. Er verzichtet darauf, sich von Swana aushalten zu lassen, sucht Ninotchka in Moskau und findet sie in Konstantinopel. Da werden sie leben und arbeiten, um einige Illusionen ärmer, aber ohne ideologischen Druck. Konstantinopel ist gleich weit entfernt von Moskau und Paris, von Kapitalismus und Kommunismus. Kein triumphales Happy-End. Die drei Genossen sind auch schon da, als Restaurantbesitzer, und streiten sich genußvoll, befreit vom Zwang zur Solidarität.

Lubitsch und Greta Garbo lachen über Lenin

Ninotchka riskiert den verrückten Hut für Léon

Lubitsch, Melvyn Douglas und die Garbo proben «Ninotchka»

THAT UNCERTAIN FEELING, 1941, ist ein Remake des verlorenen Stummfilms *Kiss Me Again* von 1925 und einer von jenen Rückgriffen auf frühere Themen, die Lubitsch liebte. Donald Ogden Stewart schrieb das Buch; Merle Oberon, Melvyn Douglas und Burgess Meredith übernahmen die Hauptrollen. Diese Park Avenue-Komödie wurde sein erster Film über den amerikanischen Alltag, über eine Ehe, die in Routine erstarrt. «Kieks», kräht der Ehemann und piekst Merle Oberon in den Magen. Die Ehefrau macht «Hicks» und muß zum Psychiater wegen ihres Schluckaufs. Der fragt nur nach ihrer Ehe und ihrem Alter. Zu jung für «Kieks», hält sie sich an einen anderen Patienten, einen misanthropen Pianisten in der Krise – der Schluckauf verschwindet, der Ehemann auch, der Pianist bleibt und übt und übt – und entpuppt sich als ein noch viel größerer Egoist als der Ex-Ehemann. Der sieht seine Chance, erpreßt die Ehefrau, ihn kleinlaut zurückzunehmen. Kein sehr fröhliches Ende. Lubitsch war zu bitter geworden für die Themen seiner Stummfilme. Der Film war witzig, handwerklich makellos, aber kaum erfolgreich.

Dann aber drehte Lubitsch sein Meisterwerk, die Quintessenz seiner Kunst und Philosophie: To Be or Not To Be.

Von der Idee bis zum kontroversen Ende war dieser Film von Lubitsch. Alexander Korda produzierte, gedreht wurde in den Sam Goldwyn Studios. Schon bei der Vorbereitung kamen Absagen: Raphaelson hatte keine Lust, 1941 Witziges über die Nazis zu erfinden; Miriam Hopkins war die Rolle der Maria zu klein. Carole Lombard aber wollte sie unbedingt, und Jack Benny, der populäre Entertainer, an den Lubitsch schon beim Schreiben für Joseph Tura gedacht hatte, war begeistert, unter Lubitsch eine seriöse Rolle spielen zu dürfen. Am 23. Dezember 1941 war abgedreht, wenig später stürzte Carole Lombard beim Rückflug von einer Werbetour für die amerikanischen Kriegsfinanzen in den Tod. Die Trauer um sie schärfte noch die Erbitterung, die Lubitsch nach der Premiere im März 1942 von allen Seiten entgegenschlug. Freundschaften gingen zu Bruch. Miklós Rózsa hatte eine kurze Begleitmusik zur Zerstörung Warschaus nachkomponiert, weil Lubitsch mit Heymanns Arbeit nicht zufrieden war; er wollte ungenannt bleiben und bezeichnete den Film noch 1987 als Entgleisung.[161] Lubitsch wehrte sich, und dem verdanken wir eine seiner ganz seltenen Analysen der eigenen Arbeit. *Ich habe drei Todsünden begangen, so scheint es – ich habe die üblichen Genres mißachtet, als ich Melodrama mit komischer Satire und sogar mit Farce verband, ich habe unsere Kriegsziele gefährdet, weil ich die Nazibedrohung verharmloste, und ich habe außerordentlich schlechten Geschmack bewiesen, weil ich das Warschau von heute als Schauplatz für eine Komödie wählte.* Die Polen habe er nie beleidigen wollen, aber *ich gebe zu, daß ich die Nazis nicht so dargestellt habe, wie das Filme, Romane und Stücke sonst tun, wenn sie Naziterror zeigen. Keine Folterkammer, keine Auspeitschung […] meine Nazis sind anders: Sie sind längst über diese Stufe hinaus. Brutalität, Auspeitschen und Tortur sind ihre Alltagsroutine. Sie reden darüber wie ein Geschäftsmann über den Verkauf einer Handtasche. Sie machen ihre Witze über das KZ und die Leiden ihrer Opfer.* Noch im Brief an Weinberg wiederholte er, er habe nie daran geglaubt, daß die Deutschen Opfer der Nazibande geworden seien oder sie gar aus dem Untergrund bekämpften. Auf seinem Recht, eine Tragikomödie zu drehen, bestand er ungewohnt aggressiv. *Ich war die üblichen Rezepte leid: Drama mit Komödie oder Komödie mit Drama aufzulockern. Ich beschloß, einen Film zu drehen, nichts und niemanden zu lockern, sondern Drama, Komödie oder Satire einzusetzen, wo es die Situation verlangte.*[162]

Was war so kontrovers an diesem Film? Er spielt in Warschau, im Teatr Polski und im Hauptquartier der Gestapo. Hier wie dort in den Hauptrollen: Joseph Tura, «der größte polnische Schauspieler», wie er selber meint, und seine Frau Maria, die ihm auf der Bühne und privat die Schau stiehlt. Wenn Tura den Hamlet-Monolog spricht, bestellt sie Jan Sobinski, der «vier Tonnen Dynamit in zwei Minuten abwerfen kann», in ihre

Garderobe. Dann besetzen die Deutschen das Land; Sobinski springt aus einer Maschine der Royal Air Force über Warschau ab, soll den Doppelspion Siletsky ausschalten und landet in Turas Bett und Schlafrock. Siletsky lädt Maria zum Essen, zum Seitensprung und zur Spionage ein, und sie hält es für ihre Pflicht, ihn umzubringen. Große Szenen aber spielt Joseph Tura selber. Außerdem liebt er seine Maria wirklich, und einen Agentenmord will er ihr ersparen. Sobinski, der romantische Liebhaber, hatte da weniger Skrupel. Auch als Widerstandskämpfer bleibt Tura zuerst Schauspieler: Er spielt Siletsky und Ehrhardt, jeweils den einen für den anderen, er spielt hoch und verwickelt die ganze Truppe in sein Risiko – und ganz real in das Stück «Gestapo», bei dessen Probe wir sie am Anfang sahen. Sie spielen um ihr Leben, retten Polen – ein wenig – und fliehen mit einem Bomber der Luftwaffe nach England; und wieder steht Joseph als Hamlet auf der Bühne, und wieder verläßt ein junger Offizier den Zuschauerraum, wenn er seinen Monolog beginnt.

Tragische Grotesken, besonders über den Faschismus, waren in Europa natürlich üblicher als in den USA, und Lubitsch hätte auf Karl Kraus und «Die letzten Tage der Menschheit», Bertolt Brecht und «Der aufhaltsame Aufstieg des Arturo Ui» oder Ödön von Horváth und «Die italienische Nacht» verweisen können; aber das amerikanische Unbehagen lag mehr am Inhalt als an der Form.

«To Be or Not To Be»: Joseph Tura organisiert den Widerstand der Schauspieler

Immer noch sah Lubitsch Geschichte als das zufällige Ergebnis individueller Wünsche und Ängste. Joseph Tura interessieren seine Pantoffeln, sein Monolog und Polen – in dieser Reihenfolge; würde er nicht als Ehemann und Schauspieler provoziert, könnte er sich schwerlich zum Patriotismus aufraffen.

Schlimmer noch, Lubitsch verwirrte die Sympathien der Zuschauer, die sich auf der falschen Seite wiederfanden, wenn sie im Schwarz-Weiß-Schema reagierten. Wenn die Polen auf Hitler starren, wenn ein Offizier im Gestapohauptquartier sein Opfer zur Vernehmung führt, haben die Opfer unsere Sympathie. Und was passiert? Hereinkommt ein kleiner Junge, der sich fröhlich seinen Panzer abholt und zugleich seinen Vater denunziert, Hitler ist in Wirklichkeit ein kleiner Schauspieler, den Regisseur und Kollegen drangsalieren, und sogar der Nazioffizier wird uns sympathisch, wenn er wegen eines Hitlerwitzes ins Schwitzen kommt. Jede Einstellung widerlegt unsere Sympathien und Antipathien: Hitler ist Bronski, der Gestapochef ist Tura, der Junge kein Opfer, nur Warschau ist wirklich zerbombt. Natürlich ist das Absicht bei Lubitsch, der schon immer den Zuschauer bravourös manipulierte; und er vertieft die Wirkung noch durch die Theatermetapher.

Die Polen wollen Gestaposchurken spielen, der Nazi Siletsky den romantischen Liebhaber, und Konzentrationslager-Ehrhardt ist der einzige Theaterkenner. Jeder spielt Rollen und die Nazis führen Regie. Es wird zum Running gag, daß sich die Polen so gut in die Deutschen hineindenken, daß sie im voraus wissen, was diese sagen und tun werden. Tura kommentiert das stolz: «Ich dachte mir, daß Sie so reagieren würden.» Maria spielt ihre Rolle als Naziopfer auf der Bühne und im Leben im gleichen Mata-Hari-Look und im gleichen Fach des Vamp. Selbst die Gestapo erkennt die Ähnlichkeit zwischen dem Rampenschwein Ravitch und Hermann Göring. Die Zuschauer lachen über die perfekte Mimikry und Seelenverwandtschaft von Tätern und Opfern, über die falschen Bärte und die echten Unsicherheiten auf beiden Seiten. Lubitsch stilisierte die Nazis nicht zu Superschurken, sondern machte sie als Schmierenkomödianten lächerlich. Und sogar das hält Dobosch seinen Polen vor: ihre Schmiere, ihren Größenwahn, ihren schlechten Geschmack. Es läuft eben darauf hinaus, daß die Polen und damit auch die Zuschauer den Nazis ähnlicher sind, als vielen und besonders den Emigranten gefallen konnte. «Die Einsicht, daß wir ‹ihnen› ähnlicher sind, als wir wissen wollen, endet in dieser Filmphantasie nicht in einem Achselzucken oder einem Seufzer, sondern führt schließlich dazu, daß Tura und seine Kollegen den polnischen Widerstand retten. Die Nazis unterliegen hier, nicht weil wir sie verspotten, sondern weil wir sie kennen, weil wir sie imitieren, vorhersagen und zuletzt verstehen können. Dieses Wissen ist Macht.»[163] Solche Empathie war für den Künstler Lubitsch die selbstverständliche Basis seiner Arbeit – und hat ihn ebensowenig wie die Turas gehindert, moralisch anders zu entscheiden. Das eben trennt Tura von den Nazis, denen er sonst so ähnlich ist: Lieber läßt er sich als lächerlicher Held erschießen, als daß er seine Freunde verrät. Auch Maria beruft sich bei Siletsky auf ihr Gewissen und zögert keinen Augenblick, das zu tun, was sie für ihre Pflicht hält. Hätte Ehrhardt ein Gewissen, wäre er nichts als ein überforderter kleiner Beamter mit einem Theaterabonnement. Lubitsch ahnte, wer die Vernichtungsmaschinerie der Nazis bediente – und wie der Widerstand wirklich aussah.

Ein Witz vor allem erregte seine Freunde: «Was er mit Shakespeare gemacht hat, das machen wir jetzt mit Polen.» Solche Kriegswitze rissen die Alliierten über die Deutschen – und hatten die Moral auf ihrer Seite. Aber durfte ein Amerikaner mit einem Nazi lachen, der das von einem Polen sagte? Lubitsch gab seine Antwort im Film: Der Pole Grünberg verteidigt den Witz, einen Lacher solle man nie verachten, die Nazis aber müssen sich immer fürchten, wenn sie einen Witz machen.

Das Ganze ist spiegelbildlich und mit mathematischer Präzision konstruiert. Jede Szene, jedes Argument, jeder Charakter hat sein Pendant: Den Schauspielern stehen die Gestapo, den Polen die Deutschen, den Männern die (fast) einzige Frau, den Machtlosen die Diktatoren gegenüber.

Lubitschs ganzer Einfallsreichtum betreibt die Verschränkung dieser Welten, die komplexe Symbolik ihres Wechselspiels, die Komplicenschaft der Zuschauer.

Exemplarisch für diese späten Filme ist dabei auch die Kameraführung. Sie verliert buchstäblich den Überblick – wie die Beteiligten. Nach der sommerlich-friedlichen Straße in Warschau, die wir nach dem Bombardement noch einmal sehen, zeigt sie uns keinen freien Außenraum mehr, keine Totalen – bis zum Schluß. Selten sehen wir die Umgebung der Menschen, wer ihnen zuhört, wo sie hingehen, was auf sie zukommt, dafür Köpfe, die sich im Bild zusammenschieben, sich aushorchen, terrorisieren, tuscheln, streiten, konspirieren. Die Räume verstärken die Klaustrophobie: Luftschutzkeller, ein geschlossenes Theater ohne Fluchtweg, ein Hotel wie eine Festung, sogar Turas Hamlet stößt fast an die Bühnendecke. Erst am Ende sehen wir wieder Natur, Bronski, immer noch in der Hitlermaske, landet auf einem Heuhaufen, mißtrauisch beäugt von zwei englischen Bauern: die Pastorale nach dem Bunkerstück.

Dann drehte Lubitsch seine letzten großen Filme – als Märchen. «Wie alle Stilisierungskünstler fand Lubitsch zur Darstellungsweise der großen Märchenerzähler zurück.»[164]

HEAVEN CAN WAIT sah er *als eine meiner Hauptproduktionen, ein Film, der keine Botschaft hatte und keine Aussage welcher Art auch immer. Der Held war ein Mann, den es allein interessierte, gut zu leben, der nicht darauf aus war, etwas zu vollbringen oder etwas Edles zu tun.* Er habe gehofft, die Zuschauer würden einige Figuren liebenswert finden, und er habe recht gehabt. *Übrigens zeigte ich die glückliche Ehe in einem wahr-heitsgetreueren Licht, als es sonst in Filmen geschieht, wo eine glückliche Ehe nur allzuoft als eine sehr langweilige und freudlose Heimchen-am-Herd-Affäre dargestellt wird.*[165] Raphaelson berichtete, Lubitsch habe die-sen Schürzenjäger wirklich geliebt, während ihn «diese variantenreiche Promiskuität etwas ermüdet»[166].

Henry van Cleve steht am Höllentor und erwartet, übrigens in schönem Einklang mit dem Zensor, den höllischen Lohn seiner «bedroom benevo-lences». Der Teufel rollt die Rückblende dieses Lebens auf. Henry als Casanova in Aktion zu zeigen, war undenkbar in jenen verklemmten Kriegsjahren – aber wann hätte Lubitsch das je getan? Dieser amouröse Marathon von der Gouvernante, die den Dreizehnjährigen verführt, bis zum Greis, der noch mit der Kinderschwester seines Enkels «in Schwie-rigkeiten» geraten sollte (da sprach der Produzent sein Veto), diese me-chanische Obsession mit Sex in Abwesenheit der Kamera und aus der Perspektive des Grabes eröffnet Dimensionen einer nachgerade kosmi-schen Einsamkeit. Henry ist ein Leben lang strebend, aber auch ziemlich infantil bemüht. Er wird alt, aber nicht erwachsen, die Menschen um ihn herum sterben, verschwinden zwischen zwei Einstellungen. Zuletzt stirbt er selber wie ein Säugling, träumt sich mit der Krankenschwester im Wal-zer aus der «Lustigen Witwe» in den Tod. James Harvey[167] nannte den Film sentimental – aber dies beschreibt die Figuren, nicht die Perspektive des Autors. Der Teufel, der aussieht wie Dr. Satansohn, lobt Henrys uner-müdliches Rackern. Don Ameche, der intelligente Darsteller des Henry, fand das alles erschreckend. «Er sagt in diesem Film doch, daß ein Mensch, der ein so zügelloses, egoistisches Leben geführt hat wie dieser Henry van Cleve schließlich doch in den Himmel kommt.»[168] Lubitsch war wieder in Berlin: bei seiner Bewunderung für den großen Egoisten, der weiß, wie man glücklich ist und andere glücklich macht. Henry lebt im schlimmsten neuenglischen Puritaner-Milieu, sein schleimiger Cousin, seine haßerstarrten Schwiegereltern sind die Maßstäbe, an denen man ihn messen muß – wie es auch der Teufel tut. Evy Bettelheim hielt Henry für ein unverhülltes Abbild von Simon Lubitsch, Onkel Ernsts geliebtem Vater.

Cluny Brown kam im Juni 1946 heraus und war Lubitschs letzter Film. Die Engländer fanden, ihre Dörfer seien zu elegant und ihre Aristokra-ten zu blöd geraten. Cluny ist Aschenbrödel, die englische Klassengesell-schaft die böse Stiefmutter. Wieder entwarf Lubitsch Rituale der Kälte und Unterwerfung und eines nachgerade schwachsinnigen Klassendün-kels. Und zwei Helden, die sich helfen, um nicht daran zu zerbrechen: Adam Belinski, ein polnischer Professor und Widerstandskämpfer gegen die Nazis, und Cluny Brown, eine Waise von strahlender Naivität. Cluny «kennt ihren Platz nicht», auch nicht die grotesken Rituale, mit denen sich Menschen voreinander verschanzen. Leidenschaftlich repariert sie dagegen verstopfte Abflüsse – auch wieder ein Einfall, der die Antithesen des Films in der Handlung verankert. Damit sie endlich lernt, was im Leben alles verboten ist, kommt sie als Hausmädchen auf den Landsitz von Sir Henry und Lady Carmel; versehentlich wird sie als gleichrangiger Mensch zum Tee eingeladen. Von Stund an betrachten sie Butler und Hausdame als anarchistische Gefahr. Der Drogist des Dorfs, ein lederner Pedant, will sie heiraten, lädt sie zum Tee zu seiner Mutter, einem sprachlosen Monstrum, das nur noch hustet, räuspert und spuckt. Da kommt ihr wieder ein defekter Abfluß dazwischen – sie legt die orgiastisch gurgelnden Röhren frei und ist aus dem Rennen. «Männer heiraten eben keine Installateure.» In dieser solipsistischen Welt lebt jeder auf seiner Insel, die schrulligen Carmels, die frigide Lady Cream, die sprachlose Mrs. Wilson, und alle sind besessen von Verboten und Regeln, Insider piesacken Außenseiter, erdrücken sie fast so wirkungsvoll wie die großen Tyrannen, denen Adam Belinski entwischt ist. Schon im September 1943, ehe ihn sein erster Herzanfall niederwarf, hatte Lubitsch an eine Zusammenarbeit mit Charles Boyer gedacht, nun engagierte er ihn für *Cluny Brown*. Sein Belinski ist ganz der melancholische Held der vierziger Jahre, komplexer, komplizierter als Humphrey Bogart: ein Heimatloser wie Cluny, gebildet unter Philistern, ein Filou unter Spießern. Als arabischer Scheich kam er in Clunys Traum geritten, hob sie auf den Sattel, und dann kickte sie sich wach, weil sie ihm versprochen hatte, sich nicht in ihn zu verlieben, denn er «habe kein Zelt, weder in der Wüste noch sonstwo». Belinski und Cluny treffen sich zuletzt auf dem Bahnhof, wo sie die Eisenbahn in neue Welten entführt. «Wohin fahren wir, Herr Belinski? – Zum Hauptpostamt. – Erwarten Sie einen Brief? – Immer. Das ist das Wunderbare am Hauptpostamt. Briefe strömen hinein. Millionen Briefe. Grüße aus aller Welt ...» Lubitsch deponiert die beiden nicht postlagernd, sondern in Amerika. Im «American dream» erwachen sie aus diesem Alptraum giftig-schöner Bilder von Gärten und Tudor-Fachwerk, die so sehr an Forest Lawn erinnern, jenen Begräbnispark mit seinen Kapellen und Häuschen im Pseudo-Tudor-Stil, wo Lubitsch begraben liegt. Als Preminger seinen nächsten Film zu Ende drehte, war er schon dort.

Der Himmel kann nicht mehr warten

Das Leben wurde einsam für Lubitsch, und er suchte wieder die Geborgenheit des Studios, begann im Februar 1942 bei 20th Century-Fox. Im Sommer 1942 drehte er mit dem Film-Team von Lieutenant Colonel Frank Capra einen Propagandafilm: *Know Your Enemy: Germany*. Man fand ihn ungeeignet. Am 1. Februar 1943 begann er die Dreharbeiten zu *Heaven Can Wait*. Don Ameche erzählt: «Ernst und Sam feilten neun Monate am Drehbuch. Am ersten Drehtag versammelte er die ganze Besetzung und erklärte uns, daß er nichts ändern werde. Und er tat es auch nicht. Er war der einzige große Regisseur, mit dem ich gearbeitet habe.»[169] Nicola kam regelmäßig aus New York, wo sie mit Sanya lebte. Sie erinnert sich an einen sehr einsamen, wenig glücklichen Menschen, Don Ameche ebenfalls. «Er hatte eine völlig europäische Art. Er war furchtbar streng, sehr privat, und ich denke, er war nicht sehr glücklich. Er war klug genug, dieses Lächeln und diese Zigarre und seine unglaublich lebendigen Augen zu nutzen, um sich bei den Leuten so beliebt zu machen, daß sie ihm nichts Schlechtes nachsagten. Er war selber ein ausgezeichneter Schauspieler.»[170] Am 2. September 1943, nach einer Partynacht bei Sonja Henie, wo er getanzt und Klavier gespielt hatte, kam er mit einem Herzinfarkt ins Krankenhaus. Er war drei Tage bewußtlos und drei Monate bettlägrig. Sanya kam mit Nicola, kümmerte sich um den Kranken. Einmal spazierte er durch den Park und unterhielt sich mit einer Schwester über Politik. Eine große Blume nickte im Wind. 20 Minuten später kamen sie zurück, die Blume nickte wieder. *Vielen Dank,* sagte Lubitsch, *aber ich habe Sie schon beim erstenmal gesehen.* Am 27. Januar 1944 berichtete Louella Parsons von einem Dinner zur Feier seiner Genesung und davon, daß er «Dragonwyck» produzieren, aber nicht inszenieren werde. Er schloß einen neuen Vertrag mit 20th Century-Fox über zwei Filme pro Jahr oder mehr, wenn er sich wohl fühlte. Preminger besorgte ein vulgäres Remake seines Stummfilms *Forbidden Paradise* unter dem Titel «A Royal Scandal» (1945): eine leidige Pflichtübung, wie er später zugab. Lubitsch feilte am Drehbuch, probte, konnte aber nicht den ganzen Tag drehen. 1946 sollte Joe Mankiewicz für ihn «Dragonwyck» (1946) schreiben und inszenieren und jubilierte: «Ein Traum wird wahr.» Seine Bewunderung verflog, als Lubitsch ihm bei der Regie dreinredete, bis Joe ihn aus dem Studio verbannte. Lubitsch zog seinen Namen zurück und sprach eine Zeitlang nicht mehr mit Mankiewicz.

Im Dezember 1945 drehte er endlich wieder einen eigenen Film, *Cluny Brown,* aber am 12. Februar 1946 lag er schon wieder mit einer «Grippe» im Krankenhaus. Er brauchte ein Jahr, um sich zu erholen, hielt zwei kleine Herzanfälle vor Darryl Zanuck geheim und schrieb dann *That Lady in Ermine* mit Raphaelson im Studio, um «Zanuck zu beeindrucken».

Schon vom Tode gezeichnet, erhielt er 1947 einen Ehren-Oscar für sein Lebenswerk und antwortete mit einer Rückschau. *The Shop Around the Corner* bezeichnete er nun als seinen besten Film, weil er Menschen in völliger Wahrheit darstelle. Die Form sei wichtiger als der Inhalt eines Films, aber leider seien wir alle etwas unreif und nähmen einen Künstler nur ernst, wenn er ein großes Thema mit einer Botschaft behandle. *Ich aber glaube daran, ein kleines Thema kompromißlos zu behandeln – ohne mich deshalb mit Cézanne zu vergleichen.*[171] Kleine Themen, ohne Kompromisse – das war der Preis, den er für seine Integrität in Hollywood bezahlt hatte.

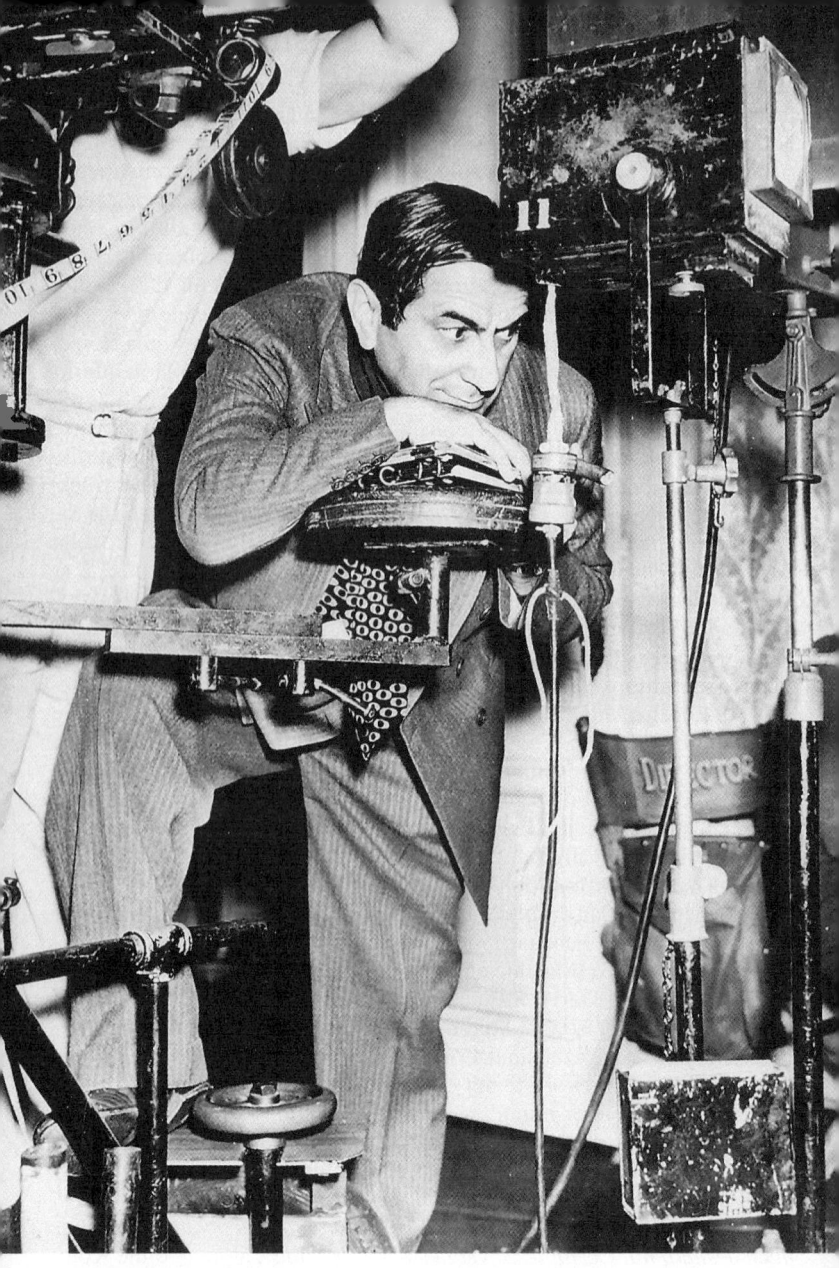

Der Direktor blickt zurück

Er starb am 30. November 1947, sein Chauffeur und Freund Otto Werner fand ihn im Bad und rief Dr. Loos. Billy Wilder[172] wohnte damals als Gast im Haus – «es gab etwa 15 Schlafzimmer, und er fühlte sich wohl allein» – und bestätigte Gerüchte, Lubitsch sei beim Liebesakt mit einer Frau gestorben. Sanya Timmons meinte, es wäre gut zu hoffen, er habe einen so schönen Tod gehabt.

In der Nachbarschaft, bei den Reischs, hatte man ihn erwartet; Marlene Dietrich wollte ihm einen jungen Franzosen für den «Rosenkavalier» empfehlen, Gérard Philipe. Es wäre eine Rückkehr in die Heimat geworden.

Die Hinterlassenschaft wurde auf 957 212 Dollar festgesetzt, Nicola erhielt 1500 Dollar pro Monat Unterhalt. Das Haus 268 Bel Air Road wurde für 75 000 Dollar an E. R. Herbst aus Chicago verkauft; seine Gemäldesammlung mit Werken von amerikanischen Malern, Renoir, Derain, Boudin, Rivera und Rodin 1950 in New York versteigert. Im Oktober 1950 starb Steffie Tröndle, die mit ihm nach Hollywood gekommen war, und ließ sich in ein Grab zu seinen Füßen legen. Die Filmwelt widmete ihm sehnsuchtsvolle Rückblicke. «Lubitsch hatte einen gewaltigen Einfluß auf den amerikanischen Film. Jean Renoir hat nur wenig übertrieben, als er kürzlich zu mir sagte: ‹Lubitsch hat das moderne Hollywood erfunden.› Lubitsch schuf sich – was nur den besten Künstlern gelingt – ein eigenes Universum. Jean Renoir sagte weiter: ‹Realität mag sehr interessant sein, doch ein Kunstwerk ist eine Schöpfung.› Lubitsch formulierte es auf seine Weise: Garson Kanin erzählte er einmal: *Ich war in Paris in Frankreich, und ich war im Paris von Paramount. Ich glaube, ich ziehe das Paramount-Paris vor ...* Lubitsch hatte die einzigartige Begabung, dem leichtesten Stoff Gewicht und Nachhall zu geben, weit über den Inhalt hinaus. [...] Aus einer lächerlich einfachen und anspruchslosen Geschichte vom Leben und Sterben eines ziemlich unbedeutenden Mannes machte Lubitsch ein bewegendes Zeugnis unserer täglichen Oberflächlichkeit und Eitelkeit, unserer kleinen Krisen und Unbesonnenheiten und unserer tiefen Verletzlichkeit der eigenen Schönheit. Das ist Lubitschs ‹Göttliche Komödie›, und niemand sonst ist je so behutsam und bedacht mit den menschlichen Schwächen umgegangen. Als der Held des Films hinter einer natürlich geschlossenen Tür stirbt, zieht sich Lubitschs Kamera langsam zurück, um einen Ballsaal zu erfassen, und ein alter Walzer, den der Mann liebte, erklingt, und der Tod hat keine Gewalt mehr. [...] ‹Ein Mensch ist gestorben – lang lebe der Mensch.›»[173]

Anmerkungen

1 Soweit nicht ausdrücklich eine deutsche Übersetzung oder Ausgabe als Quelle angegeben wird, sind alle Zitate von der Verfasserin aus dem Englischen übersetzt.

2 «Irreconcilable Differences». Manuskript des Drehbuchs von Nancy Myers und Charles Shyer, 1983, in der Academy of Motion Picture Arts and Sciences.

3 Siegfried Kracauer: Von Caligari zu Hitler. Frankfurt a. M. 1984, S. 59, zu Lubitschs Historienfilmen: «Ihre Quelle war eine nihilistische Geschichtsauffassung, wie die grimmige Entschlossenheit verrät, mit der die Lubitsch-Filme und ihre Nachfolger nicht nur die unersättlichen Herrscher sterben lassen, sondern auch die jungen Liebenden vernichten, die für alles, was im Leben zählt, einstehen. Diese Filme stempelten die Geschichte als sinnlos ab. Geschichte, so schienen sie zu behaupten, ist der Tummelplatz blinder und wilder Triebe, das Werk teuflischer Machenschaften, die unsere Hoffnungen auf Freiheit und Glück immer wieder vereiteln.»

4 Billy Wilder im Gespräch mit der Verfasserin am 1. Mai 1987. Die Prügelei ereignete sich im Oktober 1930 auf einem Wohltätigkeitsball von Douglas Fairbanks und Mary Pickford; am 25. Juni 1931 berichtet der «Los Angeles Examiner» über die vollzogene Scheidung. Lubitsch gab an, Kräly und seine Ehefrau hätten sich über ihn lustig gemacht, als sie an ihm vorbeitanzten. Er habe mit der Faust nach Kräly geschlagen, ein Schlag von Mrs. Lubitsch habe ihn außer Gefecht gesetzt. Zur «Lustigen Witwe» gibt es eine Outline von Vicky Baum (23. 11. 1933), von I. Thalberg (22. 2. 1933), ein Treatment von Rowland Leigh vom 16. 10. 1933 – und ein Treatment von Hanns Kräly vom 10. 9. 1933! Dennoch hat Billy Wilder recht – Krälys enge Zusammenarbeit mit Lubitsch, die in Berlin begonnen hatte, war mit jener Affäre beendet.

5 Siegfried Kracauer: Kino. Frankfurt a. M. 1974, S. 193

6 Sabine Hake: Ernst Lubitsch – eine deutsche Aufsteigergeschichte. Diss. Hannover 1984, S. 6

7 «Sciuscià» (dt. «Schuschia», «Schuhputzer»), Italien 1946, Regie Vittorio De Sica. Die beiden Schuhputzerjungen Pasquale und Giuseppe versuchen in Rom während der alliierten Besatzung zu überleben. Sie geraten an Schwarzmarkthändler und ins Gefängnis. Sie entfliehen, und Pasquale erschlägt den Freund in einem Wutanfall. Mit Laien in römischen Straßen und Gefängnissen gedreht, gilt

der Film als ein Meisterwerk des frühen Neorealismus.

8 Walter Reisch: Interview mit Herman Weinberg. Winter 1967. In: H. Weinberg (Hg.): The Lubitsch Touch. A Critical Study. New York ³1977, S. 215–225. Vgl. auch Walter Reisch: Oral History des American Film Institute, 2021. Mitschrift eines Seminars vom 28. November 1973.

9 Ernst Lubitsch: Unsere Chancen in Amerika. In: Deutsche Lichtbild-Bühne, 17. 5. 1924. Abgedruckt bei H. H. Prinzler und E. Patalas (Hg.): Lubitsch. München ²1987, S. 103

10 Ernst Lubitsch: Meine Arbeit mit Greta Garbo, engl. in «The New York Times», 22. 10. 1939, deutsch in: Prinzler/Patalas, a. a. O., S. 106–109. Vgl. das Interview mit Samson S. Raphaelson: A Tribute. In: H. Weinberg, a. a. O., S. 214

11 H. Weinberg, a. a. O., Einleitung, und Curt Riess: Das gab's nur einmal. Bd. 1. Frankfurt a. M. 1985, S. 70 (wörtlich gleich!)

12 Prinzler/Patalas, a. a. O., S. 19: «Sally Pinkus: das ist Lubitsch in den Jahren 1915/16/17. Einer, der mit Vehemenz und mit Sinn für Pragmatismus in chaotischer Zeit an seinem Aufstieg arbeitet. Insofern: ein Kriegsgewinnler.»

13 Aus einem Gespräch der Verf. mit Nicola Lubitsch-Goodpaster vom 25. 4. 1987

14 Hans Borgelt: Interview mit Bruno Mendelsohn. In: Der Tagesspiegel, 29. 1. 1967

15 Alle Informationen, soweit nicht anders vermerkt, aus einem Gespräch der Verf. mit Evy Bentley-Bettelheim am 29. 9. 1991, teilweise abgedruckt in der «Süddeutschen Zeitung», 28. 1. 1992: «Ernst Lubitsch, privat».

16 Ernst Lubitsch: Wir über uns selbst. In: H. Treuner (Hg.): Filmkünstler. Berlin 1928

17 Lotte H. Eisner: Ich hatte einst ein schönes Vaterland. München 1988, S. 28f.

18 Beispielsweise «Hunderttausend Taler», «Einer von uns're Leut», «Der Aktienbudiker», «Ein gebildeter Hausknecht»

19 Am 6. Dezember 1926 schloß Lubitsch die Endfassung seines gleichnamigen Films in Hollywood ab. Es wurde einer seiner größten Stummfilm-Erfolge.

20 In: O. J. Bierbaum: Stilpe. Ein Roman aus der Froschperspektive. O. O., o. J., Verlag Neufeld und Henius, zuerst 1897, S. 257f.

21 O. J. Bierbaum: Deutsche Chansons. Berlin und Leipzig 1900

22 Oskar Panizza: Der Klassizismus und das Eindringen des Variété. In: Die Gesellschaft. Monatsschrift für Literatur, Kunst und Sozialpolitik, 12 (1896), S. 1253–1256

23 Brief von E. Mátray an W. Mirisch vom 12. 12. 1975 und Auskunft von Evy Bentley-Bettelheim

24 Nach Heinrich Huesmann: Welttheater Reinhardt. München 1983

25 Lotte H. Eisner, a. a. O., S. 28f.

26 Ernst Lubitsch: Ein Rückblick. Brief an H. G. Weinberg. Deutsch bei Prinzler/Patalas, a. a. O., S. 106f.

27 Zum Direktorium gehörten: Johannes Kiel, Deutsche Bank; Gutschmidt, Dresdner Bank; Gerlach; Dr. Robert Bosch; Fürst G. v. Donnersmarck; H. Frenkel, Jacquier und Securius Bank; Dr. Cuno, Hamburg-Amerika Linie; J. Goldschmidt, National Bank; P. Marot, AEG; C. Stimming, Norddeutscher Lloyd; K. Bratz, Deutsche Juteindustrie. Vgl. Jan-Christopher Horak: Ernst Lubitsch and the Rise of Ufa 1917–1922. Boston Univ. School of Public Communication M. Sc.paper 1975, S. 47ff.

28 Ebd., S. 58

29 Ebd., S. 59

30 Ebd., S. X–XIII
31 Hanns Kräly: Er haßte Improvisation. Zuerst in: H. G. Weinberg, a. a. O., S. 272–273, deutsch bei Prinzler/Patalas, a. a. O., S. 109f.
32 Edgar Reitz zu seiner eigenen Filmarbeit in der «Süddeutschen Zeitung», 11. 9. 1991
33 Samson Raphaelson: Freundschaft: How it was with Lubitsch and me. In: S. Raphaelson: Three Screen Comedies. Eingeleitet von Pauline Kael. Madison 1983, S. 44
34 Henri Bergson: L'évolution créatrice. Paris 1907, und Henri Bergson: Le Rire. Paris 1900
35 Jürgen v. Stackelberg: Die Französische Literaturkritik von der Jahrhundertwende bis zum Ende des Ersten Weltkriegs. In: Neues Handbuch der Literaturwissenschaft, Bd. 19/II, Wiesbaden 1976, S. 112
36 Zwei typische Beispiele: Louis Angely: Das Fest der Handwerker; Emil Pohl: Der Gold-Onkel
37 Das «Lichtbild-Theater», 5. Jg., Nr. 28, verweist am 28. 10. 1913 auf die Fertigstellung des Films, eine Kopie ist nicht erhalten.
38 Deutsche Lichtbild-Bühne, 24. 1. 1914
39 Robert Siodmak, Hans Christoph Blumenberg (Hg.): Zwischen Berlin und Hollywood. Berlin 1980, S. 98
40 Ernst Lubitsch: Ein Rückblick. In: H. Weinberg, a. a. O., S. 272–273, dt. bei Prinzler/Patalas, a. a. O., S. 109f.
41 Der Film, Nr. 3, 19. 1. 1918
42 Karsten Witte: Schuhpalast Pinkus. In: Prinzler/Patalas, a. a. O., S. 124f.
43 So Lotti Huber über den Schwarm ihrer Jugend zu Rosa von Praunheim, in: Prinzler/Patalas, a. a. O., S. 145
44 Pola Negri: Memoirs of a Star. New York, Garden City 1970, S. 162
45 Ebd., S. 142
46 Ebd., S. 138
47 Hanns Kräly, in: H. Weinberg, a. a. O., S. 273, bei Prinzler/Patalas, a. a. O., S. 106–109
48 Ernst Lubitsch: Rückblick vom 10. Juli 1947, in: H. Weinberg, a. a. O., S. 265
49 Ebd., S. 264f.
50 Ebd., S. 265f.
51 Ebd., bei Prinzler/Patalas, a. a. O., S. 107. E. Patalas' Übersetzung wurde hier übernommen.
52 M. A. Quirk: All Women are Sirens at Heart. In: Photoplay, August 1933
53 Siegfried Kracauer: Von Caligari zu Hitler, a. a. O., S. 59
54 Ernst Lubitsch: Rückblick vom 10. 7. 1947, bei Prinzler/Patalas, a. a. O., S. 107
55 Arthur Kahane, in: Max Reinhardt – 25 Jahre Deutsches Theater. München 1930, S. 41. Seit 1906 vor allem im Neuen Theater.
56 Ernst Lubitsch: Rückblick vom 10. 7. 1947, bei Prinzler/Patalas, a. a. O., S. 108
57 Kurt Pinthus, in: Das Tage-Buch, Jg. 4, Heft 38, 22. 9. 1923. Pinthus hatte den Film fast ein Jahr vorher gesehen.
58 New York Times, 30. 1. 1921
59 The Ropin' Fool. In: The New Republic, 20. 7. 1926
60 Information von Evy Bentley-Bettelheim
61 Andrew Marton im Gespräch mit der Verf. im Sommer 1987
62 Die meisten Informationen von Evy Bentley-Bettelheim; die über den Abschied vom Vater bei Hanns Kräly in seinem Beitrag zu H. Weinberg, a. a. O.
63 K. Brownlow: The Parade's Gone By. Berkeley 1968, S. 134
64 Ebd., S. 122f.
65 Ebd., S. 129–135
66 E. Ulitzsch, in: Berliner Lokal-Anzeiger, Film-Echo, 1. 9. 1924
67 Alle Zitate aus: Ernst Lubitsch: Unsere Chancen in Amerika. In: Deutsche Lichtbild-Bühne, 17. 5. 1924
68 Ernst Lubitsch: My two years in America. In: Motion Picture Magazi-

ne, Bd. 28, Nr. 11, Dez. 1924, S. 24f. und S. 104

69 Ernst Lubitsch: Unsere Chancen in Amerika, a. a. O.

70 Ebd.

71 Recent development in producing pictures. In: New York Times, 6. 7. 1924; auch in: R. Koszarski (Hg.): Hollywood Directors 1914–40. New York 1976, S. 151

72 Aus der Studiokorrespondenz der Warner Bros. Archives in den Archiven der University of Southern California

73 Telegramm von Ernst Lubitsch an Jack und Harry Warner vom 27. 1. 1926 und Korrespondenz. Fundstelle: Warner Bros. Archives in den Archiven der University of Southern California

74 Ebd.

75 George C. Pratt: Spellbound in Darkness. A History of the Silent Film. Rev. ed. Greenwich 1973, S. 318, aus einem Interview von Lubitsch mit der «New York Times» vom 16. 12. 1923

76 Lubitsch on the future of motion pictures. Warner Bros. Publicity-Material zu Three Women. Fundstelle: The Library of Congress, Washington, D.C.

77 R. W. Mills: The American Films of Ernst Lubitsch: A Critical History. Chicago 1976. Univ. of Michigan Ph. D., S. 62

78 Hugo von Hofmannsthal: Ad me ipsum. In: Jahrbuch des Freien Deutschen Hochstifts, Frankfurt a. M. 1930, S. 331

79 George C. Pratt, a. a. O., S. 318f.

80 Herbert Howe: The Film Wizard of Europe. In: Photoplay, Dezember 1922, S. 28f., S. 98f.

81 Exceptional Photoplays, 4. 1. 1924, S. 1

82 Hanns Sachs: Film Psychology: Drei Frauen. In: Close-Up, November 1928, S. 14f.

83 Berliner Börsen-Courier, 2. 9. 1924

84 Ernst Lubitsch: Ein offener Brief an Asta Nielsen. In: Deutsche Lichtbild-Bühne, 16. 10. 1920

85 M. Hall: Mr. Lubitsch's Direction Outshines his Narrative. In: New York Times, 12. 10. 1924, Sect. 8, S. 5

86 Richard Koszarski: History of the American Cinema. Bd. 3. New York 1990, S. 179

87 New York Telegraph, Interview vom 4. 11. 1933

88 Moving Picture World, 7. 1. 1922, S. 53f. und in anderen Interviews

89 George C. Pratt, a. a. O., S. 318f.

90 Lewis Jacobs: The Rise of the American Film. New York 1968, S. 335f.

91 Ebd., S. 338

92 Gerald Mast: A Short History of the Movies. New York 1988, S. 129–132, gekürzt

93 New York Times, 1. 2. 1924, S. 3

94 Lewis Jacobs, a. a. O., S. 343

95 Ebd., S. 345

96 Im Gespräch mit der Verf. am 1. Mai 1987

97 The Marriage Circle, Cutting continuity von 1924, in der Cinema/Television Library der University of Southern California

98 c. b., in: Vorwärts, 7. 9. 1924

99 Variety, 7. 2. 1924

100 Variety, 8. 10. 1924

101 Pola Negri, vgl. Anm. 44, S. 243ff.

102 Ebd., S. 243–248

103 Paul Rotha: The Film till now. London 1930, S. 178f.

104 Frieda Grafe: Was Lubitsch berührt. In: Prinzler/Patalas, a. a. O., S. 83

105 Die Continuity des Films ist allerdings in der Library of Congress, Washington, D. C., erhalten.

106 Die Library of Congress bewahrt bis heute Empfehlungslisten für die amerikanischen Stummfilme von Lubitsch auf.

107 Telegraph, 21. 2. 1931

108 Molly Hollywood: Noted Director

Declares 1934 Audiences Yearn for «Careless Happiness» of Past Decades and Pictures Give Answer to their «Suppressed Desires». In: Los Angeles Examiner, 12. 8. 1934

109 Peter Bogdanovich: Hollywood. In: Esquire 78, November 1972, S. 82, dt. bei Prinzler/Patalas, S. 118–120

110 Sun, 14. 4. 1931

111 Ebd.

112 Donald Albrecht: Designing Dreams. Modern Architecture in the Movies. New York 1986, S. 81–84

113 M. A. Quirk, vgl. Anm. 52

114 «Paramount on Parade»: *Rainbow Revels*

115 «Paramount on Parade»: *The Origin of the Apache*

116 Erich von Stroheim und B. Glazer: Drehbuch vom 10. 7. 1924, Hanns Kräly: Treatment vom 9. 10. 1933, Rowland Leigh: Treatment vom 16. 10. 1933. Irving Thalberg schickte persönlich eine Outline am 3. 11. 1933 und Vicki Baum erweiterte Thalbergs Vorschlag am 23. 11. Alle Entwürfe in den Archiven der University of Southern California.

117 Beispielsweise James Harvey: Romantic Comedy in Hollywood. New York 1987, S. 138 und passim

118 R. Watts jr.: Sight and Sound: Lubitsch the Eternal. In: New York Tribune, 21. 10. 1934

119 R. W. Mills, a. a. O., S. 145

120 K. White: Movie Chronicle: The Style of Ernst Lubitsch. In: Hound/ Horn 4, Januar-März 1931, S. 273–276

121 M. A. Quirk, vgl. Anm. 52

122 Leopold Jacobson und Felix Dörrman (d. h. Felix Biedermann). Ein Walzertraum, nach dem «Buch der Abenteuer» von Hans Müller (d. h. Hans Lothar)

123 Ernst Lubitsch: Film Directing. In: The World Film Encyclopedia. Hg. von Clarence Winchester. London 1933, S. 442–444

124 Gavin Lambert: On Cukor. New York 1972, S. 42f.

125 Steffie Tröndle: Brief an Samson Raphaelson vom 31. 8. 1948, auf Papier der 20th Century-Fox

126 Das Treatment ist im Original in der Sammlung der University of Southern California erhalten.

127 Douglas Fairbanks jr. im Gespräch mit der Verf. am 4. 9. 1987 in London

128 Steffie Tröndle: A Tribute to Lubitsch. In: H. Weinberg (Hg.), a. a. O., S. 278

129 Liesl Reisch im Gespräch mit der Verf. am 5. 5. 1987

130 Prinzler/Patalas, a. a. O., S. 110 zuerst auf deutsch. Auf englisch zuerst in: The Screenwriter, Januar 1948

131 F. Göttler: Im Bett mit Ernst Lubitsch. Interview mit Nicola Lubitsch-Goodpaster. In: Süddeutsche Zeitung, 6. 2. 1992

132 Der sogenannte Motion Picture Production Code war 1930 von Produzenten und der Motion Picture Association of America vereinbart worden, da auch die Studios die Entscheidungen der Zensurbehörden in den Bundesstaaten und im Ausland vorher abschätzen wollten. Vgl. Jack Vizzard: See no Evil. New York 1970, der im Anhang den Production Code abdruckt.

133 James Harvey, a. a. O., S. 4

134 A. Sennwald: A Word with Ernst Lubitsch. In: New York Times, 14. 10. 1934

135 Die Files der Motion Picture Association of America sind in der Academy of Motion Picture Arts and Sciences, Los Angeles, erhalten und können dort für alle Lubitsch-Filme eingesehen werden.

136 Sanya Timmons, geb. Bezencenet, im Gespräch mit der Verf. am 29. 9. 1991, teilweise abgedruckt in: H. E. Renk: Ernst Lubitsch, privat. In: Süddeutsche Zeitung, 28. 1. 1992. Hier wird immer aus dem ungekürz-

ten, unredigierten Gespräch zitiert.

137 Inge von Wangenheim: Die tickende Bratpfanne. Rudolstadt 1974, Auszüge bei Prinzler/Patalas, a. a. O., S. 50–52

138 Vgl. Anm. 136

139 H. Weinberg (Hg.), a. a. O., S. 274

140 Evy Bentley-Bettelheim, vgl. Anm. 15

141 J. R. Taylor: Strangers in Paradise. The Hollywood Emigrés. 1933–1950, S. 146

142 Sanya Timmons, vgl. Anm. 136

143 Los Angeles Examiner, 9. 9. 1934

144 Auskünfte von Sanya Timmons und Evy Bentley-Bettelheim, vgl. Anm. 15 und 136

145 Molly Hollywood, a. a. O.

146 Ernst Lubitsch: Rückblick vom 10. 7. 1947, in: H. Weinberg (Hg.), a. a. O., S. 264ff., deutsch bei Prinzler/Patalas, a. a. O., S. 108

147 A Chat with Mr. Lubitsch. In: New York Times, 28. 2. 1932

148 M. A. Quirk, vgl. Anm. 52

149 New York Sun, 27. 8. 1937

150 Ebd.

151 Samuel Raphaelson: Three Screen Comedies. Madison 1983. Einleitung von P. Kael, S. 13

152 Lubitsch-Retrospektive des Museum of Modern Art, New York 1977. Dokumentation des MOMA zum Gespräch mit Raphaelson nach der Aufführung von *Heaven Can Wait.*

153 M. Zolotow: Billy Wilder in Hollywood. New York 1977, S. 63, leicht gekürzt.

154 Ben Hecht: Lubitsch in a Nutshell. In: New York World Telegram, 21. 11. 1933, S. 17

155 Vgl. Anm. 117

156 Billy Wilder: … und auf einmal war es Lubitsch. In: Prinzler/Patalas, a. a. O., S. 122

157 Ernst Lubitsch: Film Directing. In: Clarence Winchester (Hg.), a. a. O., S. 442–444

158 Ernst Lubitsch: That touch of simplicity. In: New York American, 12. 1. 1932

159 Ernst Lubitsch, in: Prinzler/Patalas, a. a. O., S. 108

160 New York Herald Tribune, 28. 2. 1943

161 Miklós Rózsa im Gespräch mit der Verf. am 1. 5. 1987

162 Ernst Lubitsch: Mr. Lubitsch Takes the Floor for Rebuttal. In: New York Times, 29. 3. 1942

163 James Harvey, a. a. O., S. 492

164 François Truffaut: Lubitsch war ein Fürst, in: François Truffaut: Die Filme meines Lebens. München 1976, S. 58–62, aus: Prinzler/Patalas, a. a. O., S. 120–122

165 Ernst Lubitsch: Ein Rückblick. Brief an H. Weinberg, in: Prinzler/Patalas, a. a. O., S. 108

166 Samson Raphaelson: Oral History des Museum of Modern Art, New York, Dokumentation zu einer Lubitsch-Retrospektive 1977

167 James Harvey, a. a. O., S. 499

168 Don Ameche in einem Gespräch mit der Verf. am 24. 4. 1987

169 Ebd.

170 Ebd.

171 Los Angeles Times, 6. 4. 1947

172 Don Ameche im Gespräch, a. a. O.

173 Peter Bogdanovich, vgl. Anm. 109, S. 120

Zeittafel

(Die Zeittafel beschränkt sich auf die wesentlichen Lebensdaten; die Filme werden in der nachfolgenden Filmographie aufgeführt.)

1892	29. Januar: Ernst Lubitsch, geboren in Berlin als viertes Kind von Simon Lubitsch und Anna Lubitsch, geb. Lindenstaedt
1899–1908	Schulzeit bis zur Mittleren Reife im Sophien-Gymnasium
1908–1911	Lehre bei der Tuchhandlung Hoffmann & Co und privater Schauspielunterricht bei Victor Arnold
1911	Ab August 1911 bis Mai 1918 Mitglied des Ensembles des Deutschen Theaters von Max Reinhardt
1913	Lubitschs erste Filmrolle in «Die/Eine ideale Gattin» und seine erste Lehrlingsrolle in «Die Firma heiratet»
1914	10. Dezember: Tod der Mutter
1915	Lubitschs erste Regie in *Fräulein Seifenschaum*
1916	Lubitschs erster erhaltener Regiefilm *Schuhpalast Pinkus*
1920	Lubitschs *Madame Dubarry* (*Passion*) hat als erster deutscher Film nach dem Ersten Weltkrieg in New York Premiere
1921	Dezember: Lubitsch und sein Produzent Paul Davidson fahren nach New York zu Verhandlungen mit Famous Players-Lasky und bleiben bis Mitte Januar
1922	23. August: Heirat mit Helene Krause
	Dezember: Lubitsch folgt einer Einladung von Mary Pickford nach Hollywood
1923	Vertrag mit Warner Bros. für vier Jahre
1924	15. Februar: Tod des Vaters
1926	Dreijahresvertrag mit Paramount
1927	Europa-Reise. Lubitsch kommt auch nach Heidelberg für Nachaufnahmen zu *The Student Prince in Old Heidelberg*
1929	Siegeszug des Tonfilms. Lubitsch antwortet mit Filmoperetten
1930	23. Juni: Scheidung von Helene Krause
1932	Neuer Dreijahresvertrag mit Paramount
	November: Lubitsch fliegt nach Berlin zu einem Privatbesuch
1935	28. Januar: Im «Reichsanzeiger» wird bekanntgegeben, daß Lubitsch die deutsche Staatsangehörigkeit entzogen wurde

4. Februar: Paramount meldet die Verpflichtung von Lubitsch als Produktionschef

27. Juli: Heirat mit (Sanya) Vivian Gaye, eigentlich Bezencenet, in Phoenix, Arizona

1936   24. Januar: Lubitsch wird amerikanischer Staatsbürger

1. Februar: Lubitsch tritt als Produktionschef bei Paramount zurück

März: Lubitsch bricht zu einer Europa-Reise mit Sanya auf und verbringt einen Monat in Rußland als Gast der sowjetischen Regierung. Mai 1937 noch einmal Kurzbesuch in Europa und in Moskau

1938   19. März: Lubitsch trennt sich von Paramount und plant seine Zukunft als freier Produzent

27. Oktober: Geburt der Tochter Nicola

MGM übernimmt zwei Produktionen: *Ninotchka* und *The Shop Around the Corner*

1939   *That Uncertain Feeling* für Sol Lesser und United Artists

1942   Februar: Vertrag mit 20th Century-Fox auf drei Jahre

1943   April: Lubitsch wird von Sanya geschieden

2. September: Erster Herzanfall, mehrmonatige Rekonvaleszenz

1944   Januar: Neuer Vertrag mit 20th Century-Fox

1947   13. März: Ehren-Oscar für Lubitsch

30. November: Lubitsch stirbt nach 26 Drehtagen von *That Lady in Ermine* in seinem Haus

4. Dezember: Lubitsch wird auf dem Friedhof Forest Lawn in Hollywood beerdigt

Zeugnisse

Andrew Sarris
Lubitsch war der letzte der echten Europäer, der auf den amerikanischen
Kontinent losgelassen wurde und seinesgleichen werden wir nie wiedersehen, weil die Welt, die er feierte, gestorben ist – noch ehe er selber starb
und nur in seiner Erinnerung weiterlebte.

«The American Cinema, Directors and
Directions 1929–1968». Chicago 1968

James Stewart
Er war immer perfekt vorbereitet, wenn er einen Film begann. Er wußte,
welchen Effekt er in jeder Szene auf der Leinwand sehen wollte. Sogar
der Schauplatz dieses Films war ein filmisches Problem, weil alles in einem Geschäft passiert und auf ein oder zwei Punkte begrenzt ist und weil
es sehr schwierig ist, Bewegung und sichtbare Handlung auf der großen
Leinwand zu erzeugen. Daß Herr L. diesen Effekt erzielen und eine visuell beeindruckende Geschichte erzählen konnte, wenn er nur aus der
Innenperspektive einer Geschichte arbeiten konnte, das war ein Beweis
seines Talents. Er wollte Bewegung und visuell erzählen und es machte
ihm nichts aus, daß sein Raum so beschränkt war.

Aus einem Interview mit der Verfasserin

François Truffaut
Also kein Lubitsch ohne Publikum, aber aufgepaßt, das Publikum
kommt nicht hinzu zum schöpferischen Akt, es steckt mitten drin, es ist
ein Teil des Films. Zum Ton eines Lubitsch-Films gehören der Dialog, die
Geräusche, die Musik und unser Lachen, das ist ganz entscheidend, sonst
gäbe es den Film nicht. Die sagenhaften Drehbuchellipsen funktionieren
nur, weil unser Lachen die Brücke von einer Szene zur anderen schlägt.
Im Lubitsch-Emmentaler ist jedes Loch genial.

«Lubitsch était un prince». In: «Cahiers du Cinéma», Februar 1968

Josef von Sternberg
Wie die meisten Regisseure war er aus dem Stand des Schauspielers auf-
gestiegen (sein Buckliger in «Sumurun» war wunderbar) und drehte eine
große Anzahl von Filmen. Die meisten davon gefielen mir nicht. Er wußte das, und als man ihm eines Tages die Leitung des Studios übertrug, wo
wir beide arbeiteten, beeilte er sich, mich so bald als möglich zu entlassen.
«Ich, Josef von Sternberg. Erinnerungen». Velber bei Hannover 1967

Peter Bogdanovich
Nein, viel wesentlicher (wenn auch nicht das wahre Geheimnis, denn das
starb wohl mit ihm – wie das Geheimnis eines jeden großen Künstlers)
war seine geradezu wunderbare Fähigkeit, zu spotten und zu preisen, und
zwar gleichzeitig und mit solcher Perfektion, daß man nie wirklich sagen
kann, wo die Satire endet und die Glorifizierung beginnt.
«Ernst Lubitsch». In: «Esquire», November 1972

Helma Sanders-Brahms
Und daß er die Frauen besonders liebt und ihre spezielle Unmoral besonders schätzt, daran läßt er gleichfalls keinen Zweifel. Mit Ausnahme von
Marlene Dietrich, die auch bei ihm nicht aufregender war als bei Josef
von Sternberg, gibt es keine Schauspielerin, einschließlich der Garbo, die
bei ihm nicht schöner, komplexer, reicher gewesen wäre als bei jedem anderen Regisseur. Neben seinen Frauengestalten kommen die Männer, so
sorgsam er auch mit ihnen umgeht, immer ein bißchen schlechter weg. Es
ist kein Zweifel, daß, wenn es in *Madame Dubarry* jemand gäbe, dem er
recht geben sollte, es Jeanne wäre, mitsamt ihrer Unbedenklichkeit, mitsamt ihrer Aufrichtigkeit aber auch. «Ihr wird viel vergeben werden, denn
sie hat viel geliebt», könnte sein abschließender Satz über sie sein. Nur
würde er ihn viel zynischer formulieren: «Wieso soll ihr noch was vergeben werden? Geliebt hat sie ja wenigstens. Und reichlich.» Wobei wir bei
seiner Berliner Abstammung wären. Denn dies ist allemal berlinerisch.
«Süddeutsche Zeitung», 18./19. Februar 1984

Mae West
Er war in mancher Hinsicht ein begabter Mann, aber viele hielten ihn für
arrogant, engstirnig und schon auf dem Abstieg. Wir waren in vieler Hinsicht verschiedener Meinung. Möglicherweise trug die dicke Zigarre, die
er immer im Mund hatte, dazu bei, unsere Sicht zu verdunkeln.
«Goodness Had Nothing to Do with Me». New York 1970

Filmographie

Für eine vollständige Filmographie verweisen wir auf die Zusammenstellung von Wolfgang Jacobsen in: Hans-Helmut Prinzler, Enno Patalas (Hg.): Lubitsch. München ²1987, die auch wir, stark gekürzt, zugrunde legen. Genauere Angaben geben wir, mit wenigen Ausnahmen, nur für Filme, die wenigstens teilweise erhalten sind. Der Erhaltungszustand der Filme ist unterschiedlich, Restaurierungen, besonders in der Münchner Kinemathek, haben uns einige Filme wie *Sumurun* wieder erschlossen; leider muß man in der Regel davon ausgehen, daß sich uns die allerwenigsten Filme in dem Zustand präsentieren, den Lubitsch wollte.

Ein vorangestelltes D oder R bedeutet, daß Lubitsch als Darsteller oder Regisseur am Film mitwirkte. Filme, die zur Gänze verloren sind, werden in der Regel nur namentlich genannt.

In der Filmographie werden folgende Abkürzungen verwendet:

A: Ausstattung
B: Buch
Ba: Bauten
Co-P: Co-Produzent
D: Darsteller
K: Kamera
M: Musik
Ko: Kostüme
P: Produktionsgesellschaft
R: Regie
T: Ton
U: Uraufführungsdatum

Stummfilme

1913   D **Die ideale Gattin** (auch: Eine ideale Gattin)
1914   D **Die Firma heiratet**. R: Carl Wilhelm. B: Walter Turszinsky, Jacques Burg. K: Friedrich Weinmann. D: Ernst Lubitsch (Moritz Abramowsky), Victor Arnold (Manfred Mayer, Hoflieferant), Resl Orla (Trude Hoppe), Anna Müller-Lincke (Tante Clara), Albert Paulig (Siegmund Philippsohn, Reisender), Franz Schönemann (Herr Werdenberg, Confectionair),

Hanns Kräly (Verkäufer). P: Projektions-AG Union, Berlin. U: 23. 1. 1914.
Eine Kopie des Films ist *nicht* nachzuweisen

D **Bedingung – kein Anhang**

D **Der Stolz der Firma**. R: Carl Wilhelm. B: Walter Turszinsky, Jacques Burg. K: Friedrich Weinmann. Zusammenstellung der Kinomusik: Direktor Glücksmann. D: Ernst Lubitsch (Siegmund Lachmann), Martha Kriwitz (Lilly Maass), Victor Arnold (J. C. Berg), Albert Paulig (Charly Forst), Alfred Kühne (Herr Hoffmann), Hugo Döblin, Resl Orla. P: Projektions-AG Union Berlin. U: 30. 7. 1914

1915 D, R **Aufs Eis geführt**

D, R **Zucker und Zimt**, zusammen mit E. Mátray

D **Arme Maria**

D **Fräulein Piccolo**. R, B: Franz Hofer. K: Gotthardt Wolf. Ba: Fritz Kraencke. D: Dorrit Weixler (Lo), Franz Schwaiger (Clairon), Alice Hechy, Ernst Lubitsch, Max Lehmann, Martin Wolff, Karl Harbacher, Helene Voß. P: Luna-Film

D, R **Fräulein Seifenschaum**. Lubitschs erste Regie für Davidson

D **Robert und Bertram oder: Die lustigen Vagabunden**. R: Max Mack. K: Max Lutze. D: Ferdinand Bonn (Bertram), Eugen Burg (Robert), Wilhelm Diegelmann (Gendarm), Ernst Lubitsch (G. Baupaire). P: Projektions-AG Union Berlin. U: 12. 8. 1915

D, R **Sein einziger Patient**

D, R **Der Kraftmeyer**

D, R **Der letzte Anzug**

D **Der schwarze Moritz**

D, R **Blindekuh**

D, R **Als ich tot war**

1916 D **Doktor Satansohn**. R, B: Edmund Edel. K: Ernst Krohn. D: Ernst Lubitsch (Doktor Satansohn), Hans Felix (Professor Waldow), Yo Larte (Meta, seine Frau), Marga Köhler (Ilona, deren Mutter), Erich Schönfelder (Nepomuk). P: Projektions-AG. U: 17. 3. 1916

D, R **Schuhpalast Pinkus**. R: Ernst Lubitsch. B: Hanns Kräly, Erich Schönfelder. Ba: Kurt Richter. D: Guido Herzfeld (Meyersohn), Else Kenter (Melitta Hervé), Ernst Lubitsch (Sally Pinkus), Hanns Kräly (Lehrer), Ossi Oswalda (Lehrmädchen beim Schuhmacher), Erich Schönfelder (Schuhmacher). P: Projektions-AG Union, Berlin. U: 9. 6. 1916

D, R **Der Gemischte Frauenchor**

D, R **Das schönste Geschenk**

D, R **Der GmbH-Tenor**

D, R **Die neue Nase**

1917 D, R **Käsekönig Holländer**

D, R **Der Blusenkönig**

R **Ossis Tagebuch**

R **Wenn vier dasselbe tun**. B: Ernst Lubitsch, Erich Schönfelder. Ba: Kurt Richter. D: Emil Jannings (Vater), Ossi Oswalda (Seine Tochter), Margarete Kupfer (Buchhändlerin), Fritz Schulz (Ihr Lehrling), Victor Janson (Tanzlehrer). P: Projektions-AG. U: 16. 11. 1917

D **Hans Trutz im Schlaraffenland**. R, B: Paul Wegener. K: Frederik Fuglsang. Ba: Rochus Gliese (Bildstellung). D: Paul Wegener (Hans Trutz), Lyda Salmonova (Marthe, seine Frau), Ernst Lubitsch (Satan), Wilhelm Diegelmann (Ein Schlaraffe), Rochus Gliese, Gertrud Welcker, Fritz Rasp. P: Projektions-AG. U: 4. 11. 1917

R **Das fidele Gefängnis**. B: Ernst Lubitsch, Hanns Kräly, nach Motiven aus der Operette «Die Fledermaus» von C. Haffner und Richard Genée. Ba: Kurt Richter. D: Harry Liedtke (Alex von Reizenstein, ein junger Ehemann), Kitty Dewall (Alice, seine Frau), Agda Nilsson (Mizzi, Stubenmädchen), Erich Schönfelder (Egon Storch), Emil Jannings (Quabbe, Gefängniswärter). P: Projektions-AG. U: 30. 11. 1917

D, R **Prinz Sami**

1918   D, R **Der Rodelkavalier**

R **Das Mädel vom Ballett**

R **Ich möchte kein Mann sein**. B: Ernst Lubitsch, Hanns Kräly. K: Theodor Sparkuhl. Ba: Kurt Richter. D: Ferry Sikla (Der Onkel), Ossi Oswalda (Ossi, seine Nichte), Margarete Kupfer (Gouvernante), Curt Goetz (Dr. Kersten), Victor Janson. P: Projektions-AG. U: Oktober 1918

D, R **Der Fall Rosentopf**

R **Die Augen der Mumie Mâ**. B: Hanns Kräly, Emil Rameau. K: Alfred Hansen. Ba: Kurt Richter. D: Pola Negri (Mâ), Emil Jannings (Radu), Harry Liedtke (Alfred Wendland, Maler), Max Laurence (Graf Hohenfels). P: Projektions-AG. U: 3. 10. 1918

R **Carmen**. B: Hanns Kräly, nach der Novelle von Prosper Mérimée. K: Alfred Hansen. Kinomusik: Artur Vieregg, nach Motiven von Georges Bizet. Ba: Kurt Richter. Ko: Ali Hubert. D: Pola Negri (Carmen), Harry Liedtke (Don José Novarro), Leopold von Ledebour (Escamillo, ein Stierfechter), Grete Diercks (Dolores), Wilhelm Diegelmann (Gefängniswärter), Heinrich Peer (Englischer Offizier), Margarete Kupfer (Wirtin), Sophie Pagay (Don Josés Mutter) u. a. P: Projektions-AG. U: 20. 12. 1918

D, R **Meyer aus Berlin**. B: Hanns Kräly, Erich Schönfelder. K: Alfred Hansen. D: Ernst Lubitsch (Sally Meyer), Ethel Orff (Paula, seine Frau), Heins Landsmann (Harry), Trude Troll (Kitty, seine Braut). P: Projektions-AG. U: 17. 1. 1919. Nur fragmentarisch erhalten.

1919   R **Meine Frau, die Filmschauspielerin**

R **Die Austernprinzessin**. B: Hanns Kräly, Ernst Lubitsch. K: Theodor Sparkuhl. Ba: Kurt Richter. D: Victor Janson (Mr. Quaker, der Austernkönig von Amerika), Ossi Oswalda (Ossi, seine Tochter), Harry Liedtke (Prinz Nucki), Julius Falkenstein (Josef, Nuckis Freund), Max Kronert (Seligsohn, Heiratsvermittler), Curt Bois (Kapellmeister) u. a. P: Projektions-AG. U: 20. 6. 1919

R **Rausch**

R **Madame Dubarry**. B: Fred Orbing (i. e. Norbert Falk), Hanns Kräly. K: Theodor Sparkuhl. Ba: Kurt Richter. Ko: Ali Hubert. D: Pola Negri (Jeanne Vaubernier, später Madame Dubarry), Emil Jannings (Louis XV.), Reinhold Schünzel (Herzog von Choiseul, Staatsminister), Harry Liedtke (Armand de Foix), Eduard von Winterstein (Graf Jean Dubarry), Karl Platen (Guillaume Dubarry), Paul Biensfeldt (Lebel, Kammerherr des Königs), Alexander Ekert (Paillet) u. a. P: Projektions-AG. U: 18. 9. 1919

B **Der lustige Ehemann**

R **Die Puppe**. B: Hanns Kräly, Ernst Lubitsch, frei nach A. E. Willner. K: Theodor Sparkuhl. Ba, Ko: Kurt Richter. D: Ossi Oswalda (Ossi, Tochter des Puppenmachers Hilarius), Hermann Thimig (Lancelot, Neffe des Barons de Chanterelle), Victor Janson (Hilarius, Puppenmacher), Jacob Tiedtke (Abt) u. a. P: Projektions-AG. U: 4. 12. 1919

1920   R **Die Wohnungsnot**

R **Kohlhiesels Töchter**. B: Hanns Kräly, Ernst Lubitsch. K: Theodor

Sparkuhl. Ba: Jack Winter. Ko: Jan Baluschek. D: Henny Porten (Gretel und Liesl), Emil Jannings (Peter Xaver), Gustav von Wangenheim (Paul Seppl), Jacob Tiedtke (Mathias Kohlhiesel), Willi Prager (Der Handelsmann). P: Meßter-Film. U: 9. 3. 1920

R **Romeo und Julia im Schnee**. B: Hanns Kräly, Ernst Lubitsch. K: Theodor Sparkuhl. Ba: Kurt Richter. D: Jacob Tiedtke (Capulethofer), Marga Köhler (Seine Frau), Lotte Neumann (Julia, ihre Tochter), Ernst Rückert (Montekugerl), Josefine Dora (Seine Frau), Gustav von Wangenheim (Romeo, ihr Sohn), Julius Falkenstein (Paris), Paul Biensfeldt (Dorfrichter), Hermann Picha (Schreiber), Paul Passarge (Neffe Tübalder). P: Maxim-Film, Berlin. U: 12. 3. 1920

D, R **Sumurun**. B: Hanns Kräly, Ernst Lubitsch, nach der orientalischen Pantomime von Friedrich Freksa. K: Theodor Sparkuhl. M: Victor Hollaender. Ba, A: Kurt Richter. Ko: Ali Hubert. D: Pola Negri (Die Tänzerin), Jenny Hasselquist (Zuleika ‹Sumurun›, die Favoritin des Scheichs), Aud Egede Nissen (Haidee, ihre Dienerin), Margarete Kupfer (Die Alte), Paul Wegener (Der alte Scheich), Carl Clewing (Der junge Scheich), Harry Liedtke (Nur-al-Din, Stoffhändler), Jacob Tiedtke (Der Obereunuch), Ernst Lubitsch (Der Bucklige) u. a. P: Projektions-AG. U: 1. 9. 1920

R **Anna Boleyn**. B: Fred Orbing (i. e. Norbert Falk). B: Hanns Kräly. K: Theodor Sparkuhl. Ba: Kurt Richter. Ko: Ali Hubert. D: Emil Jannings (König Heinrich VIII.), Hedwig Pauli (Königin Katharina), Hilde Müller (Prinzessin Maria), Ludwig Hartau (Herzog von Norfolk), Henny Porten (Anna Boleyn, seine Nichte), Paul Hartmann (Ritter Heinrich Norris), Aud Egede Nissen (Johanna Seymour), Ferdinand von Alten (Marc Smeton), Adolf Klein (Kardinal Wolsey), Friedrich Kühne (Erzbischof Cranmer), Paul Biensfeldt (Jester, der Hofnarr) u. a. P: Meßter-Film und Projektions-AG. U: 3. 12. 1920

1921   R **Die Bergkatze**. B: Hanns Kräly, Ernst Lubitsch. K: Theodor Sparkuhl. Ba, A: Ernst Stern. D: Victor Janson (Kommandant der Festung Tossenstein), Marga Köhler (Seine Frau), Edith Meller (Lilli, beider Tochter), Paul Heidemann (Leutnant Alexis), Pola Negri (Rischka, ‹die Bergkatze›), Wilhelm Diegelmann (Claudius, Rischkas Vater und Räuberhauptmann), Hermann Thimig (Pepo, ein schüchterner Räuber), Paul Biensfeldt (Dafko), Paul Graetz (Zofano), Max Kronert (Masilio), Erwin Kopp (Trip). P: Projektions-AG. U: 12. 4. 1921

R **Das Weib des Pharao**. B: Norbert Falk, Hanns Kräly. K: Theodor Sparkuhl, Alfred Hansen u. a. M: Eduard Künneke. Ba: Ernst Stern, Kurt Richter. Ko: Ernst Stern, Ali Hubert, Ernö Metzner. D: Emil Jannings (Amenes, Pharao von Ägypten), Paul Biensfeldt (Menon, sein Statthalter), Friedrich Kühne (Der Oberpriester), Albert Bassermann (Sothis, Baumeister des Königs), Harry Liedtke (Ramphis, sein Sohn), Paul Wegener (Samlak, König von Äthiopien), Lyda Salmonova (Makeda, seine Tochter), Dagny Servaes (Theonis, eine griechische Sklavin). P: Ernst Lubitsch für EFA, Gesamtorganisation Paul Davidson. U: 21. 2. 1922

1922   R **Die Flamme**. B: Hanns Kräly. K: Theodor Sparkuhl, Alfred Hansen. Ba: Ernst Stern, Kurt Richter. Ko: Ali Hubert. D: Pola Negri (Yvette), Hilde Wörner (Louise), Alfred Abel (Raoul, Musiker), Hermann Thimig (André, Komponist), Frida Richard (Madame Vasal) u. a. P: Ernst Lubitsch-Film GmbH, Gesamtorganisation Paul Davidson. Von diesem Film ist nur noch ein Fragment erhalten.

1923   R **Rosita**. B: Edward Knoblock. Story: Norbert Falk, Hanns Kräly, nach dem Schauspiel «Don César de Bazan» von Philippe François Pinel Dumanoir und Adolphe Philippe Dennery. K: Charles Rosher. Ba: William Cameron Menzies. A: Svend Gade. Ko: Mitchell Leisen. D: Mary Pickford (Rosita), Holbrock Blinn (König), Irene Rich (Königin), George Walsh (Don Diego), Charles Belcher (Premierminister), Frank Leigh (Gefängnisdirektor), Mathilde Comont (Rositas Mutter) u. a. P: Ernst Lubitsch für The Mary Pickford Company. U: 3. 9. 1923

1924 R **The Marriage Circle** (Die Ehe im Kreise/Rund um die Ehe). B: Paul Bern, nach dem Schauspiel «Nur ein Traum» von Lothar Schmidt. K: Charles J. Van Enger. A: Svend Gade. D: Adolphe Menjou (Professor Joseph Stock), Marie Prevost (Mizzi Stock, seine Frau), Monte Blue (Dr. Franz Braun), Florence Vidor (Charlotte Braun, seine Frau), Harry Myers (Detektiv), Creighton Hale (Dr. Gustav Müller) u. a. P: Ernst Lubitsch für Warner Brothers

R **Three Women** (Drei Frauen). B: Hanns Kräly. Story: Hanns Kräly, Ernst Lubitsch, nach dem Roman «Lillis Ehe» von Jolanthe Marés. K: Charles J. Van Enger. Ba: Svend Gade. D: May McAvoy (Jeanne Wilton), Pauline Frederick (Mabel Wilton, ihre Mutter), Marie Prevost (Harriet), Lew Cody (Edmund Lamont), Willard Louis (Harvey Craig), Pierre Gendron (Fred Armstrong), Mary Carr (Mrs. Armstrong), Raymond McKee (Freds Freund). P: Ernst Lubitsch für Warner Brothers

R **Forbidden Paradise** (Das verbotene Paradies). B: Hanns Kräly, Agnes Christine Johnston, nach dem Schauspiel «The Czarina» von Lajos Biró und Melchior Lengyel. K: Charles J. Van Enger. A: Hans Dreier. Ko: Howard Greer. D: Pola Negri (Die Zarin), Rod La Rocque (Alexei), Adolphe Menjou (Kanzler), Pauline Starke (Anna), Fred Malatesta (Französischer Botschafter) u. a. P: Ernst Lubitsch für Famous Players-Lasky

1925 R **Kiss me Again** (Küß mich noch einmal). Der Film ist verloren.

R **Lady Windermere's Fan** (Lady Windermeres Fächer). B: Julien Josephson, nach dem Schauspiel «Lady Windermere's Fan» von Oscar Wilde. K: Charles J. Van Enger. Ba: Harold Grieve. D: Ronald Colman (Lord Darlington), Irene Rich (Mrs Erlynne), May McAvoy (Lady Windermere), Bert Lytell (Lord Windermere), Edward Martindel (Lord Augustus) u. a. P: Ernst Lubitsch für Warner Brothers

1926 R **So This Is Paris** (So ist Paris). B: Hanns Kräly, nach dem Schauspiel «Réveillon» von H. Meilhac und L. Halévy. K: John Mescall. Ba: Harold Grieve. D: Monte Blue (Dr. Paul Giraud), Patsy Ruth Miller (Suzanne Giraud), André Beranger (Maurice Lallé), Lilyan Tashman (Georgette Lallé) u. a. P: Ernst Lubitsch für Warner Brothers

1927 R **The Student Prince in Old Heidelberg** (Alt Heidelberg). B: Hanns Kräly, nach dem Schauspiel «Alt-Heidelberg» von Wilhelm Meyer-Förster und der Operette «The Student Prince» von Dorothy Donnelly und Sigmund Romberg. K: John Mescall. Sch: Andrew Marton. Ba: Cedric Gibbons, Richard Day. Ko: Ali Hubert. D: Ramón Novarro (Prinz Karl-Heinrich), Norma Shearer (Käthi), Jean Hersholt (Dr. Jüttner), Gustav von Seyffertitz (König Karl VII.), Philipe de Lacy (Erbprinz, im Alter von sieben Jahren), Edgar Norton (Lutz), Bobby Mack (Kellermann), Edward Connelly (Hofmarschall) u. a. P: Ernst Lubitsch für Loew's Incorporated. Executive Producer: Irving Thalberg

1928 R **The Patriot.** Der Film ist verloren.

1929 R **Eternal Love** (Der König der Bernina). B: Hanns Kräly, nach dem Roman «Der König der Bernina» von Jakob Christoph Heer. K: Oliver T.

Marsh. Sch: Andrew Marton. A, Ko: Walter Reimann. D: John Barrymore (Marcus Paltram), Camilla Horn (Ciglia), Victor Varconi (Lorenz Gruber), Hobart Bosworth (Pfarrer Taß), Bodil Rosing (Haushälterin), Mona Rico (Pia), Evelyn Selbie (Pias Mutter). P: Ernst Lubitsch für Feature Productions, Inc. Executive Producer: Joseph M. Schenck

Tonfilme

1929 R **The Love Parade** (Liebesparade). B: Ernest Vajda, nach dem Schauspiel «Le Prince Consort» von Léon Xanrof (i. e. Léon Fourneau) und Jules Chancel. Libretto: Guy Bolton. K: Victor Milner. M: Victor Schertzinger. Liedtexte: Clifford Grey. Ba: Hans Dreier. Ko: Travis Banton. D: Maurice Chevalier (Graf Alfred Renard), Jeanette MacDonald (Königin Louise), Lupino Lane (Jacques), Lillian Roth (Lulu), Eugene Pallette (Kriegsminister), E. H. Calvert (Gesandter), Edgar Norton (Hofmarschall), Lionel Belmore (Premierminister), Albert Roccardi (Außenminister), Carl Stockdale (Admiral), Russell Powell (Afghanischer Botschafter) u. a. P: Ernst Lubitsch für Paramount Famous Lasky Corp. Neben der englischen entstand eine französische Version: *Parade d'amour*

1930 R **Origin of the Apache/A Park in Paris/The Rainbow Revels**. Episoden 5, 11, 19 des Films «Paramount on Parade». K: Harry Fischbeck, Victor Milner. M: Richard A. Whiting, Leo Robin (11. Episode), Sam Coslow (19. Episode). A: John Wenger. Ko: Travis Banton. Choreographie: David Bennett. D: 5. Episode: Maurice Chevalier (Mann), Evelyn Brent (Frau); 11. Episode: Maurice Chevalier (Gendarm), Tyler Brooke, Jack Pennick, Rolfe Sedan; 19. Episode: Maurice Chevalier. P: Albert A. Kaufmann für Paramount Famous Lasky Corp.

R **Monte Carlo** (Monte Carlo). B: Ernest Vajda, nach dem Schauspiel «Die blaue Küste» von Hans Müller (i. e. Hans Lothar) und nach Episoden der Operette «Monsieur Beaucaire» von Booth Tarkington und Evelyn Greenleaf. K: Victor Milner. M: Richard A. Whiting, W. Franke Harling; Liedtexte: Leo Robin. Ba: Hans Dreier. Ko: Travis Banton. D: Jack Buchanan (Graf Rudolph Farrière), Jeanette MacDonald (Komtesse Helene Mara), Claude Allister (Herzog Otto von Liebenheim), ZaSu Pitts (Bertha, Mädchen der Komtesse), Tyler Brooke (Armand), John Roche (Paul, Damenfriseur), Lionel Belmore (Prinz Gustav von Liebenheim) u. a. P: Ernst Lubitsch für Paramount. Der Film wurde auch in einer stummen Fassung gestartet.

1931 R **The Smiling Lieutenant** (Der lächelnde Leutnant). B: Ernest Vajda, Samson Raphaelson, nach der Operette «Ein Walzertraum» von Leopold Jacobson und Felix Dörmann (i. e. Felix Biedermann) und einer Erzählung aus dem «Buch der Abenteuer» von Hans Müller (i. e. Hans Lothar). K: George Folsey. M: Oscar Straus; Liedtexte: Clifford Grey. Ba: Hans Dreier. D: Maurice Chevalier (Niki), Claudette Colbert (Franzi), Miriam Hopkins (Prinzessin Anna), Charles Ruggles (Max), George Barbier (König Adolf XV.) u. a. P: Ernst Lubitsch für Paramount. Für den ausländischen Markt wurden eine stumme Fassung des Films sowie eine englische und eine französische Version hergestellt: *Le Lieutenant souriant.*

R **The Man I Killed/Broken Lullaby** (Der Mann, den sein Gewissen trieb). B: Samson Raphaelson, Ernest Vajda, nach dem Schauspiel «L'Homme que j'ai tué» von Maurice Rostand und der amerikanischen

Bearbeitung des Stücks von Reginald Berkeley. K: Victor Milner. Ba: Hans Dreier. D: Lionel Barrymore (Dr. Hölderlin), Nancy Carroll (Elsa), Phillips Holmes (Paul Renard), Louise Carter (Frau Hölderlin), Lucien Littlefield (Schultz), Frank Sheridan (Der Priester), ZaSu Pitts (Anna) u. a. P: Ernst Lubitsch für Paramount. Der Film wurde nach seiner Premiere umgetitelt, um ihn attraktiver zu machen.

1932 R **One Hour With You** (Eine Stunde mit Dir). B: Samson Raphaelson, nach dem Schauspiel «Nur ein Traum» von Lothar Schmidt. K: Victor Milner. M: Oscar Straus; verbindende Musik: Richard A. Whiting; Liedtexte: Leo Robin. Ba: Hans Dreier. A: A. E. Freudeman. Ko: Travis Banton. Co-Regie: George Cukor. D: Maurice Chevalier (Dr. André Bertier), Jeanette MacDonald (Colette Bertier), Geneviève Tobin (Mitzi Olivier), Charlie Ruggles (Adolph), Roland Young (Professor Olivier) u. a. P: Ernst Lubitsch für Paramount. Ein Remake von *The Marriage Circle* (1924). Neben der englischen entstand eine französische Version: *Une Heure Près de Toi*. Eigentlich war George Cukor als Regisseur vorgesehen, doch Lubitsch übernahm nach wenigen Drehtagen die Regie.

R **Trouble in Paradise** (Ärger im Paradies). B: Samson Raphaelson, nach dem Schauspiel «The Honest Finder» von Aladar Laszlo; Adaption: Grover Jones. K: Victor Milner. M: W. Franke Harling; Liedtexte: Leo Robin. Ba: Hans Dreier. Ko: Travis Banton. D: Miriam Hopkins (Lily), Kay Francis (Mariette Colet), Herbert Marshall (Gaston Monescu), Charlie Ruggles (Major), Edward Everett Horton (François Filiba), C. Aubrey Smith (Adolphe J. Giron) u. a. P: Ernst Lubitsch für Paramount

R **The Clerk**. Episode des Films «If I Had a Million» (Wenn ich eine Million hätte). D in der Lubitsch-Episode: Charles Laughton (Phineas V. Lambert). P: Louis D. Lighton für Paramount

1933 R **Design for Living** (Serenade zu Dritt). B: Ben Hecht, nach dem Schauspiel «Design for Living» von Noël Coward. K: Victor Milner. Ba: Hans Dreier. Ko: Travis Banton. D: Fredric March (Tom Chambers), Gary Cooper (George Curtis), Miriam Hopkins (Gilda Farrell), Edward Everett Horton (Max Plunkett), Harry Dunkinson (Mr. Egelbaur), Helena Phillips (Mrs. Egelbaur) u. a. P: Ernst Lubitsch für Paramount. Persönlicher Assistent von Lubitsch war Gottfried Reinhardt, der Sohn von Max Reinhardt.

1934 R **The Merry Widow** (Die lustige Witwe). B: Ernest Vajda, Samson Raphaelson, nach der Operette «Die lustige Witwe» von Franz Lehár; Libretto: Victor Léon, Leo Stein. K: Oliver T. Marsh. M: Franz Lehár; M-Adaption: Herbert Stothart; zusätzliche M: Richard Rodgers, zusätzliche Liedtexte: Lorenz Hart, Gus Kahn. Ba: Cedric Gibbons. Ko: Ali Hubert; für Jeanette MacDonald: Adrian. Choreographie: Albertina Rasch. D: Maurice Chevalier (Danilo), Jeanette MacDonald (Sonia), Edward Everett Horton (Gesandter), Una Merkel (Königin), George Barbier (König), Minna Gombell (Marcelle), Ruth Channing (Lulu), Sterling Holloway (Ordonnanz), Henry Armetta (Türke), Barbara Leonard (Zofe), Donald Meek (Diener), Akim Tamiroff (Chef des Maxim), Herman Bing (Zizipoff) u. a. P: Ernst Lubitsch für Loew's Incorporated. Executive Producer: Irving Thalberg. – Neben der englischen entstand eine französische Version: *La Veuve Joyeuse*.

1936 R-P **Desire** (Sehnsucht/Perlen zum Glück). R: Frank Borzage. Künstlerische Leitung: Ernst Lubitsch. B: Edwin Justus Mayer, Waldemar Young, Samuel Hoffenstein, nach dem Schauspiel «Die schönen Tage von Aranjuez» von Hans Székely und Robert A. Stemmle. K: Charles B. Lang, Jr.; Aufnahmen in Europa: Eric Locke. M: Frederick Hollander. Liedtexte: Leo Robin. Ba: Hans Dreier, Robert Usher. A: A. E. Freudeman. Ko: Travis Banton. D: Marlene Dietrich (Madeleine de Beaupré), Gary Cooper (Tom Bradley), John Halliday (Carlos Margoli) u. a. P: Ernst Lubitsch für Paramount (eine Frank-Borzage-Produktion). Der Stoff wurde 1933 in Deutschland verfilmt als «Die schönen Tage in Aranjuez». Regie: Johannes Meyer. Ernst Lubitsch produzierte *Desire* für Paramount und überwachte die Dreharbeiten.

1937 R **Angel** (Engel). B: Samson Raphaelson, nach dem Schauspiel «Angya» von Melchior Lengyel und seiner englischen Adaption von Guy Bolton und Russell Medcraft. K: Charles B. Lang, Jr.; Europa-Aufnahmen: Harry Perry, Eric Locke. M: Frederick Hollander; Liedtexte: Leo Robin. Ba: Hans Dreier, Robert Usher. A: A. E. Freudeman. Ko: Travis Banton. D: Marlene Dietrich (Maria Barker), Herbert Marshall (Sir Frederick Barker), Melvyn Douglas (Anthony Halton), Edward Everett Horton (Graham), Ernest Cossart (Walton) u. a. P: Ernst Lubitsch für Paramount

1938 R **Bluebeard's Eighth Wife** (Blaubarts achte Frau). B: Charles Brackett, Billy Wilder, nach dem Schauspiel «La huitième femme de Barbe-Bleu» von Alfred Savoir und der amerikanischen Adaption von Charlton Andrews. K: Leo Tover; Europa-Aufnahmen: Eric Locke. M: Frederick Hollander, Werner R. Heymann. Ba: Hans Dreier, Robert Usher. A: A. E. Freudeman. Ko: Travis Banton. D: Claudette Colbert (Nicole de Loiselle), Gary Cooper (Michael Brandon), Edward Everett Horton (Marquis de Loiselle), David Niven (Albert de Regnier), Elizabeth Patterson (Tante Hedwige), Herman Bing (Monsieur Pepinard) u. a. P: Ernst Lubitsch für Paramount

1939 R **Ninotchka** (Ninotschka). B: Charles Brackett, Billy Wilder, Walter Reisch, nach einer Story von Melchior Lengyel. K: William Daniels. M: Werner R. Heymann. Ba: Cedric Gibbons. A: Edwin B. Willis. Ko: Gilbert Adrian. D: Greta Garbo (Ninotchka/Nina Ivanovna Yakushova), Melvyn Douglas (Graf Léon d'Algout), Ina Claire (Großfürstin Swana), Bela Lugosi (Kommissar Razinin), Sig Rumann (Michael Simonovitch Iranoff), Felix Bressart (Buljanoff), Alexander Granach (Kopalski), Gregory Gaye (Graf Alexis Rakonin) u. a. P: Ernst Lubitsch für Loew's Incorporated

1940 R **The Shop Around the Corner** (Rendezvous nach Ladenschluß). B: Samson Raphaelson, nach dem Schauspiel «Illatszertar» («Parfumerie») von Nikolaus Laszlo. K: William Daniels. M: Werner R. Heymann. Ba: Cedric Gibbons. A: Edwin B. Willis. D: Margaret Sullavan (Klara Novak), James Stewart (Alfred Kralik), Frank Morgan (Matuschek), Joseph Schildkraut (Ferencz Vadas), Sara Haden (Flora), Felix Bressart (Pirovitch), William Tracy (Pepi Katona), Inez Courtney (Ilona) u. a. P: Ernst Lubitsch für Loew's Incorported

1941 R **That Uncertain Feeling** (Ehekomödie). B: Donald Ogden Stewart, nach dem Schauspiel «Divorçons» von Victorien Sardou und Émile de Najac; Adaption Walter Reisch. K: George Barnes. M: Werner R. Heymann. Ba: Alexander Golitzen. A: A. E. Freudeman. Ko: Irene. D: Merle Oberon (Jill Baker), Melvyn Douglas (Larry Baker), Burgess Meredith (Sebastian), Alan Mowbray (Dr. Vengard) u. a. P: Ernst Lubitsch für Ernst Lubitsch Productions, Inc. (eine Lesser-Lubitsch-Produktion). Gesamtleitung: Sol Lesser. Remake von *Kiss Me Again* (1925)

1942   R **To Be or Not To Be** (Sein oder Nichtsein). B: Edwin Justus Meyer, nach einer Story von Ernst Lubitsch (uncredited) und Melchior Lengyel. K: Rudolf Maté. M: Werner R. Heymann. Ba: Vincent Korda; Mitarbeit: J. Macmillan Johnson. A: Julia Heron. Ko: Irene und Walter Plunkett. D: Carole Lombard (Maria Tura), Jack Benny (Joseph Tura), Robert Stack (Leutnant Stanislav Sobinski), Felix Bressart (Greenberg), Lionel Atwill (Rawitch), Stanley Ridges (Professor Alexander Siletsky), Sig Rumann (SS-Gruppenführer Ehrhardt), Tom Dugan (Bronski), Charles Halton (Dobosh, Regisseur), Henry Victor (Sturmführer Schultz), Maude Eburne (Anna, Garderobiere) u. a. P: Ernst Lubitsch für Romaine Film Corporation. Co-P: Alexander Korda

1943   R **Heaven Can Wait** (Ein himmlischer Sünder/Memoiren eines Lebemannes). B: Samson Raphaelson, nach dem Schauspiel «Szuletsnap» von László Bus-Feketé. K: Edward Cronjager. M: Alfred Newman. Ba: James Basevi, Leland Fuller. A: Thomas Little; Mitarbeit: Walter M. Scott. Ko: René Hubert. D: Gene Tierney (Martha), Don Ameche (Henry Van Cleve), Charles Coburn (Hugo Van Cleve), Marjorie Main (Mrs. Strabel), Laird Cregar (Seine Exzellenz), Spring Byington (Bertha Van Cleve), Allyn Joslyn (Albert Van Cleve), Eugene Pallette (E. F. Strabel), Signe Hasso (Mademoiselle), Louis Calhern (Randolph Van Cleve) u. a. P: Ernst Lubitsch für 20th Century-Fox

1945   B **A Royal Scandal** (Skandal bei Hofe). R: Otto Preminger. B: Edwin Justus Mayer, nach dem Schauspiel «The Czarina» von Lajos Biró und Melchior Lengyel; Adaption: Bruno Frank. K: Arthur Miller. M: Alfred Newman. Ba: Lyle R. Wheeler, M. L. Kirk. D: Tallulah Bankhead, Charles Coburn, Anne Baxter, William Eythe u. a.

1946   P **Dragonwyck** (Weißer Oleander)

       R **Cluny Brown** (Cluny Brown auf Freiersfüßen). B: Samuel Hoffenstein, Elizabeth Reinhardt, nach dem Roman «Cluny Brown» von Margery Sharp. K: Joseph La Shelle. M: Cyrill Mockridge; Orchestrierung: Maurice de Packh. Ba: Lyle R. Wheeler, J. Russell Spencer. A: Thomas Little. Ko: Bonnie Cashin. D: Charles Boyer (Adam Belinski), Jennifer Jones (Cluny Brown), Peter Lawford (Andrew Carmel), Helen Walker (Betty Cream), Reginald Gardiner (Hilary Ames), Reginald Owen (Sir Henry Carmel), Sir C. Aubrey Smith (Colonel Duff Graham), Richard Haydn (Wilson), Margaret Bannerman (Lady Alice Carmel), Sara Allgood (Mrs. Maile), Ernest Cossart (Syrette), Una O'Connor (Mrs. Wilson) u. a. P: Ernst Lubitsch für 20th Century-Fox

1948   R **That Lady in Ermine** (Die Frau im Hermelin). R: Ernst Lubitsch, Otto Preminger (uncredited). B: Samson Raphaelson, nach der Operette «Die Frau im Hermelin» von Rudolf Schanzer und Ernst Welisch und seiner englischen Adaption. K: Leon Shamroy, Bud Mantino. M: Frederick Hollander; ML und Zwischenmusik: Alfred Newman; Orchestrierung: Edward Powell, Herbert Spencer, Maurice de Packh; Liedtexte: Leo Robin. Ba: Lyle Wheeler, J. Russell Spencer. A: Thomas Little, Walter M. Scott. Ko: René Hubert. Choreographie: Hermes Pan. D: Betty Grable (Angelina/Francesca; Doppelrolle), Douglas Fairbanks, Jr. (Oberst Ladislaus Karoly Teglash/Herzog von Ravenna; Doppelrolle), Cesar Romero (Mario), Walter Abel (Major Horvath/Benvenuto; Doppelrolle) u. a. P: Ernst Lubitsch für 20th Century-Fox

Bibliographie

1. Bibliographien

SABBATH, BARRY, CARRINGER, ROBERT: Ernst Lubitsch. A Guide to References and Resources. Boston o. J.
PRINZLER, HANS HELMUT, PATALAS, ENNO (Hg.): Lubitsch. München ²1987, S. 224–227

2. Aufsätze von Lubitsch

Gesamtdarstellung s. Hans Helmut Prinzler, Enno Patalas (Hg.): Lubitsch. München ²1987, S. 224–227
Comparing European and American Methods. In: Film Daily, 6. 5. 1923
Unsere Chancen in Amerika. In: Lichtbild-Bühne, 56, 17. 5. 1924 und zuletzt in: H. H. Prinzler, E. Patalas (Hg.): Lubitsch. München ²1987
My Two Years in America. In: Motion Picture Magazine, 11. Dez. 1924, S. 24f. und S. 104
Ernst Lubitsch. In: Wir über uns selbst. Hg. von HERMANN TREUNER. Berlin 1928
Ernst Lubitsch an einen Kritiker. In: Lichtbild-Bühne, 255, 23. 10. 1928
Film Directing. In: CLARENCE WINCHESTER (Hg.): The World Film Encyclopedia. London o. J.
Garbo as Seen by Her Director. In: The New York Times, 22. 10. 1939
What do Film Audiences Want? In: New York Herald Tribune, 16. 9. 1940
Mr. Lubitsch Takes the Floor for Rebuttal. In: The New York Times, 29. 3. 1942
WEINBERG, HERMAN G.: A Tribute to Lubitsch, With a Letter in Which Lubitsch Appraises His Own Career. In: Films Review, 7, August/September 1951
Letter to Herman G. Weinberg. In: Film Culture, 1962 (Sommer)

3. Lebenszeugnisse

Gespräche der Verfasserin mit:
Liesl Reisch im Mai 1987 in Bel Air;
Eva Bentley-Bettelheim am 29. 9. 1991 in New York City;
Sanya Timmons am 29. 9. 1991 in New York/Long Island;

Douglas Fairbanks jr. am 4. 9. 1987 in London;
Nicola Lubitsch-Goodpaster am 25. 4. 1987 und öfter in Santa Monica;
Billy Wilder am 1. 5. 1987 in Los Angeles;
Robert Stack am 24. 4. 1987 in Bel Air;
Don Ameche am 24. 4. 1987 in Santa Monica;
Miklós Rózsa am 1. 5. 1987 in Los Angeles;
James Stewart am 6. 10. 1987 in Los Angeles;
Andrew Marton, mehrere Gespräche im September und Oktober 1987

4. Untersuchungen

ALBRECHT, DONALD: Designing Dreams. Modern Architecture in the Movies. New York 1986
BAILEY, M. J.: Those Glorious Glamour Years. Secaucus 1982
BAXTER, JOHN: Hollywood in the Thirties. London 1968
BERGSON, HENRI: L'évolution créatrice. Paris 1907
–: Le Rire. Paris 1900, nach drei Artikeln aus der «Revue de Paris»
BORDWELL, DAVID, u. a.: The Classical Hollywood Cinema. New York 1985
BROWNLOW, K.: The Parade's Gone By … Berkeley 1968
–; KOBAL, JOHN: Hollywood. The Pioneers. New York 1979
CAPRA, FRANK: The Name Above the Title. An Autobiography. New York 1971
CORLISS, RICHARD: Talking Pictures Screenwriters in the American Cinema 1927–1973. Woodstock u. a. 1974
DURGNAT, RAYMOND: The Crazy Mirror. Hollywood Comedy and the American Image. London 1969
EISNER, LOTTE H.: Ich hatte einst ein schönes Vaterland. München 1988
HANISCH, MICHAEL: Auf den Spuren der Filmgeschichte. Berliner Schauplätze. Berlin 1991
HARVEY, JAMES: Romantic Comedy in Hollywood. New York 1987
HORAK, JAN-CHRISTOPHER: Ernst Lubitsch and the Rise of UFA 1917–1922. Boston University, School of Public Communication, M. Sc. paper 1975
–: Fluchtpunkt Hollywood. Eine Dokumentation zur Filmemigration nach 1933. Münster ²1986
HUBERT, ALI: Hollywood, Legende und Wirklichkeit. Leipzig 1930
HUESMANN, HEINRICH: Welttheater Reinhardt. München 1983
JACOBS, LEWIS (Hg.): The Emergence of Film Art. New York ²1979
–: The Rise of the American Film. New York 1939, Reprint 1967
KERR, PAUL (Hg.): The Hollywood Film Industry. London 1986
KOBAL, JOHN: Gotta Sing Gotta Dance. A Pictorial History of Film Musicals. London 1970
KOPPES, CLAYTON R., BLACK, GREGORY D.: Hollywood Goes To War. New York 1987
KOSZARSKI, RICHARD: History of the American Cinema. Bd. 3. New York 1990
KRACAUER, SIEGFRIED: Von Caligari zu Hitler. In: Schriften. Bd. II. Frankfurt a. M. 1977
MAST, GERALD: A Short History of the Movies. New York 1988
–: The Comic Mind. Comedy and Movies. Chicago ²1979
MILLS, ROBERT W.: The American Films of Ernst Lubitsch. A Critical History. Ann Arbor 1976, Diss. University of Michigan
MORDDEN, ETHAN: The Hollywood Studios. House Style in the Golden Age of the Movies. New York 1989

PRINZLER, HANS HELMUT, PATALAS, ENNO (Hg.): Lubitsch. München ²1987

PALMER, CHRISTOPHER: The Composer in Hollywood. London 1990

PAUL, WILLIAM: Ernst Lubitsch's American Comedy. New York 1983

POAGUE, LELAND A.: The Cinema of Ernst Lubitsch. The Hollywood Films. Cranbury, N. J. 1978

PRATT, GEORGE C.: Spellbound in Darkness. A History of the Silent Film. Greenwich, Conn. ²1973

RAPHAELSON, SAMSON: Three Screen Comedies. Madison 1983

REISCH, WALTER: Oral History des American Film Institute, 2021. Mitschrift eines Seminars vom 28. November 1973

REINHARDT, GOTTFRIED: Der Liebhaber. Stuttgart 1974

RIESS, CURT: Das gab's nur einmal. Bd. 1–3. Frankfurt a. M. 1985

ROTHA, PAUL: The Film Till Now. New York 1949

SARRIS, ANDREW: The American Cinema. Chicago 1968

TAYLOR, JOHN RUSSELL: Fremde im Paradies: Emigranten in Hollywood. 1933–1950. Berlin 1984

VIERTEL, SALKA: Das unbelehrbare Herz. Hamburg u. a. 1970

VIZZARD, JACK: See No Evil. New York 1970

WEINBERG, H. G.: The Lubitsch Touch. A Critical Study. New York ³1977

ZOLOTOW, MAURICE: Billy Wilder in Hollywood. New York ²1987

Dank der Autorin

Die Recherchen für diese Studie wären nicht möglich gewesen ohne einen Reisezuschuß der Deutschen Forschungsgemeinschaft und die Gastfreundschaft vieler Institute. Es hat Freude gemacht, in den Sammlungen zwischen Dänemark und Kalifornien zu arbeiten, wo sachkundige und hilfsbereite Filmfans mir zu persönlichen Freunden wurden. Besonders hervorheben muß ich die Filmsammlungen der University of Southern California, der University of California in Los Angeles, der Academy of Motion Picture Arts and Sciences, des George Eastman House in Rochester, des Museum of Modern Art in New York und die Kinematheken in München, Berlin und Wiesbaden. Für ihre Bereitschaft zum Gespräch danke ich zahlreichen Künstlern und Zeitzeugen, vor allem aber Sanya Timmons, Evy Bentley-Bettelheim und Nicola Lubitsch-Goodpaster. Für zahlreiche Kontakte zu danken habe ich Tony Thomas, Ellen Curtis, dem Max-Kade-Institut der University of Southern California und seinem Leiter Cornelius Schnauber, dem Goethe-Institut Los Angeles und meinen Freunden E. Konradt und C. B. Sucher für ihre Anregungen.

Namenregister

Die kursiv gesetzten Zahlen bezeichnen die Abbildungen

Über die Autorin

Professor Dr. Herta-Elisabeth Renk, geboren und wohnhaft in München, Studium der Germanistik, Anglistik und Theaterwissenschaft in München, London, Wien und Paris. Promotion in der Germanistik («Der Manessekreis, seine Dichter und die Manessische Handschrift»), Publikationen zur Literatur des Minnesangs, zur Oper, zum Drama und Theater sowie zur Literatur-, Theater- und Filmpädagogik. Seit 1975 Inhaberin eines germanistischen Lehrstuhls (Sprach- und Literaturerziehung) an der Katholischen Universität Eichstätt und Leiterin des Studiengangs «Spiel- und Theaterarbeit mit Non-Professionals».

Quellennachweis der Abbildungen

Courtesy of the Academy of Motion Picture Arts and Sciences, Los Angeles: 2, 45, 46, 47 unten, 48/49, 59, 66, 72 unten, 81, 85, 92, 93, 105, 128, 134; © Turner Entertainment Co., Los Angeles: 60, 74 unten, 75, 79, 82, 84 oben, 87, 120 (2), 123 unten, 125 oben
Det Danske Filmmuseum, Kopenhagen: 11, 77
Landesbildstelle, Berlin: 15
Aus: Michael Hanisch: Auf den Spuren der Filmgeschichte. Berliner Schauplätze. Berlin 1991: 16 (Foto: W. Willinger, Berlin)
Aus: Hans Helmut Prinzler, Enno Patalas (Hg.): Lubitsch. München ²1987: 24
Stiftung Deutsche Kinemathek, Berlin: 21, 29, 37, 42
Privatsammlung: 25, 96, 97, 99 (Foto: Tom Evans), 100, 101
ADN Bildarchiv, Berlin: 40, 102
The Museum of Modern Art/Film Stills Archive, New York: 47 oben, 55, 65 (2), 68, 69, 71, 72 oben, 73, 74 oben, 83, 84 unten, 86, 88, 89, 91, 94, 104, 106, 107, 109, 111, 112, 113, 114, 122, 123 oben, 125 unten, 126